DESTIN

# Avant-propos

Il paraît qu'on ne fait rien sans argent. Que le sport, le travail, la passion même, seraient des histoires de chiffres. Moi, j'ai fait tout l'inverse. Dans un monde où « l'argent dirige tout », j'ai préféré chercher la reconnaissance. Pas les projecteurs ou les médailles, mais ce regard, ce respect, celui qu'on accorde à ceux qui vont jusqu'au bout d'eux-mêmes.

Mon enfance m'a appris que le confort n'est pas une condition de départ, mais une ligne d'arrivée qu'on ne franchit qu'à force d'abnégation. Le football, je l'ai aimé. Je l'ai servi avec fierté, avec rigueur, avec cette forme de joie que seuls comprennent ceux qui travaillent par passion, et non par intérêt.

Le football, lui, m'a appris à jouer collectif dans un monde souvent individualiste. Et à croire qu'une volonté sincère peut faire mentir tous les clichés.

Jean-Claude Darmon

# Le ruban rouge

Je ne crois pas me tromper. Si j'avais dû prévenir mon père qu'un ancien président de la République allait m'élever au rang de chevalier de la Légion d'honneur sur proposition d'un Premier ministre, il aurait probablement accueilli cette nouvelle avec le plus grand scepticisme.

« Tu es un rêveur, mon fils ! »

Je l'entends me rabrouer comme s'il était là, moquant mon mensonge, ma folie douce.

« Arrête, sinon tu vas voir ! »

Incrédule. Comme pressé que je mette fin à la blague et que je finisse par lui dire que c'était une bêtise, une bêtise de plus.

Comment aurait-il pu imaginer, le pauvre, que cela soit vrai, lui, le banquier déchu, le cordonnier d'Oran ? Comment aurait-il pu imaginer et croire que son fils puisse être fait chevalier de la Légion d'honneur quand il s'était toujours interdit d'avoir de l'ambition pour lui et les autres, que rêver, pour lui, était presque un péché, une perte de temps. Il ne pouvait pas se le permettre parce qu'il avait des bouches à nourrir, et nombreuses en plus de cela.

C'est pourtant vrai. C'est même officiel. Par décret du 13 juillet 2022, Emmanuel Macron approuve ma promotion et ma nomination dans l'ordre national de la Légion d'honneur. Pour moi, c'est une consécration. Un graal que je n'espérais plus. Cette reconnaissance est tardive, un peu comme les vendanges. Elle n'en est que plus satisfaisante. Savoureuse, voluptueuse même.

À dire vrai, je n'ai jamais rien fait pour l'obtenir. Je l'ai même refusé une fois par le passé, parce que mon nom avait été proposé sur le contingent du ministère des Personnes handicapées. Je ne voulais pas que l'on reconnaisse mon action humanitaire, mais que la République salue ce que j'avais fait pour le sport.

Je ne me voyais pas quémander cette reconnaissance, intriguer auprès de mes amis, de vagues connaissances, pour qu'ils me l'obtiennent. « Mais pourquoi tu ne l'as jamais demandée ? » Combien de ministres des Sports, en découvrant que j'allais être décoré, m'ont fait cette réponse ! Je ne voulais pas demander. Il y avait là de l'orgueil, je le sais. Mais il fallait que cela vienne d'en haut ou de nulle part. Je m'étais fait une raison.

La République m'avait oublié et je ne lui en voulais pas outre mesure. Parfois, je me disais que j'avais été trop grande gueule. C'est vrai que je parle fort, que je crie parfois, et j'ai dû, tout au long de ma vie, me faire des ennemis dont j'ignore qu'ils le sont. C'est le prix à payer, la rançon du succès. J'ai bousculé les règles du jeu, inventé un métier. Je suis devenu le grand argentier du football français. J'ai suscité des jalousies. Créé des rancœurs.

Au ministère des Sports, ils ont été nombreux à souffrir de ma concurrence. Il n'y avait aucune chance pour que l'un d'eux suggère que la patrie me soit reconnaissante quand j'avais contribué, bien davantage que ce ministère, à développer le foot, le rugby, le sport. Peu importe… Je ne crois pas être rancunier. Les petits hommes gris ne m'intéressent pas. Je les laisse à leur médiocrité. J'ai d'autres choses à faire que de m'embarrasser de leurs états d'âme.

Il aura fallu une discussion dans les travées du Parc des Princes pour que Jean Castex, alors Premier ministre, découvre que je n'avais pas la Légion d'honneur. À quel match assistions-nous ? Je crois que c'était pour la première apparition de Lionel Messi sous les couleurs du Paris Saint-Germain. La foule des grands jours avait pris place dans les tribunes du Parc. Tout le gratin se pressait dans les loges : d'anciennes gloires du football comme Raï, Luis Fernandez ou encore Leonardo, des passionnés, des fondus de foot qui, comme moi, ne loupent pas une rencontre et encore moins celle-là. Kev Adams, Yannick Noah, Tony Parker, comptaient parmi ceux-là. Il y avait bien sûr, comme une évidence, Nicolas Sarkozy, pilier de la tribune présidentielle, premier supporter du PSG. Lui aussi était persuadé que j'avais été fait de longue date chevalier de la Légion d'honneur.

« Bien sûr que tu l'as déjà. Pour tout ce que tu as fait pour le rugby, tentait de se convaincre le Premier ministre.

– Mais non, Jean ! Pour tout ce que Jean-Claude a apporté au football », le coupa Nicolas. Je devais avouer, presque confus, que je ne l'avais pas... Ni pour mes services rendus au football ni pour le rugby. Ma veste était vierge de toute barrette à la boutonnière... Et en plus de cela, Nicolas m'engueulait parce que je ne lui avais pas demandé de me l'accorder.

C'est comme cela que, quelques mois plus tard, je devais apprendre que je faisais partie de la prochaine promotion de la Légion d'honneur, sur proposition du Premier ministre. Mon père eût été encore vivant qu'il m'aurait traité de « mytho », j'en suis sûr. Dieu que j'aurais aimé qu'il voie ça. Dieu que j'aurais aimé que ma mère verse sa larme. J'aurais aimé que mes amis voient ça. Johnny Hallyday, mon ami et mon frère, bien sûr, Jean Sadoul, l'un des patrons du foot français, sans qui je n'aurais pas été celui que je suis devenu, Robert Budzynski, le dirigeant du FC Nantes, et combien d'autres encore... Thierry Roland, Lino Ventura, Alain Delon, Jean-Paul Belmondo...

À mon âge, malheureusement, c'est le temps où l'on biffe les noms des copains dans les carnets d'adresses, où l'on pleure les absents. Ils reviennent dans mes rêves pour me tenir compagnie les rares heures où je dors. Je n'ai pas le goût du sommeil. Il sera bien temps plus tard de se coucher pour mourir.

Mais j'ai trop à faire pour m'embarrasser de mes souvenirs. La vérité ? J'ai plus de rêves que de souvenirs. C'est ce qui me tient debout, vivant. C'est mon moteur depuis toujours. Mais comment parfois ne pas jeter un coup d'œil dans le rétroviseur. Pour voir le chemin parcouru. Moi l'enfant de là-bas. Le gamin d'Algérie, le petit juif d'Oran. Le Petit Chose débarqué à Marseille sans bagage, « l'enfant déraciné », dira de moi Nicolas Sarkozy au moment de me remettre la Légion d'honneur, « le jeune homme illégitime » que je suis demeuré, comme si j'avais toujours tout à prouver. Comme si c'était le secret de ma vie, de ma réussite, de mon destin.

C'est pour cela que j'écris à nouveau aujourd'hui. Parce que le jeune homme illégitime que j'étais s'est construit malgré les obstacles. À cause des obstacles. Je n'ai pas fait d'études. Je n'ai aucun diplôme. Je n'avais pas un sou en poche. Je n'avais personne sur qui compter, sinon sur cette envie d'entreprendre, d'être maître de mon destin et de ne pas subir, personne pour m'ouvrir les portes, mais de l'énergie à revendre pour les fracasser et me frayer un chemin.

De ces faiblesses, diront certains, j'en ai fait une force. Je ne me suis rien interdit. Surtout pas de rêver plus grand que moi.

« Ce soir, j'aimerais que tu ressentes une chose. Pour la première fois dans ta vie, tu mérites ce que tu as. La porte est ouverte. Tu n'as pas besoin de la défoncer. » C'est comme cela que Nicolas Sarkozy a conclu son discours avant d'épingler à ma boutonnière la Légion d'honneur.

Ce n'était pas un discours d'ancien président, c'était le discours d'un ami, le discours de quelqu'un qui me connaît peut-être mieux que moi-même et qui a toujours été là, même quand certains préféraient déserter ma compagnie parce que j'étais devenu un infréquentable.

Dans le grand salon du George-V, un palace parisien, ma famille, mes amis pleuraient, riaient. Nicolas Sarkozy moquait mon trois-pièces comme si je m'étais déguisé. De mon côté, j'avais la voix étranglée. Les mots se bousculaient sans que je parvienne à les prononcer. J'avais pourtant répété des heures mon discours, mais le trac était plus fort que tout. J'en avais connu, des rendez-vous d'importance, des moments qui changent une vie, vous font gagner dix ans ou vous précipitent au fond du ravin. Mais des comme celui-là, devant tout ce que la France compte de talents, de sportifs, d'artistes, de patrons secrets qui ne sortent habituellement jamais de chez eux pour ce genre de mondanité, ne goûtent pas aux pince-fesses, jamais. Comment expliquer cette émotion ?

Je n'ai jamais couru pour l'argent. Je n'en ai jamais fait une fin. Seulement un moyen. Mais la reconnaissance… ça oui. Cette Légion d'honneur, c'est cela. C'est la France que j'ai servie comme soldat. C'est la France qui m'a tout donné et à qui j'ai essayé de rendre un peu de ce qu'elle m'avait apporté. Ce sont tous ces visages que je n'aurai jamais pensé côtoyer et qui sont devenus des compagnons de vie insoupçonnables.

Mes parents n'auraient probablement pas pu comprendre. Pas plus qu'ils n'auraient pu comprendre que trois ans plus tard, lors d'un France-Israël au Stade de France, Nicolas Sarkozy me claque la bise, puis que François Hollande me donne l'accolade, avant que les deux ex-présidents, pourtant en froid, ne déconnent avec moi, au point de sembler le temps d'un match les meilleurs amis du monde. Et comme si ce n'était pas assez, c'est Emmanuel Macron qui me chambre quelques minutes plus tard. « Tu viens au stade, même pas tu me dis ? » me taquine-t-il avant de m'embrasser. On rit, on plaisante. « Si chaque fois que je vais voir un match, je dois t'appeler. » Deux secondes après, c'est un ministre qui m'embrasse, puis un autre qui me salue.

Comment pourraient-ils croire à cette histoire ? Si je leur disais que ce jeudi 14 novembre 2024, au soir d'un match de l'équipe de France et de l'équipe d'Israël, trois présidents de la République et deux ministres m'ont embrassé comme du bon pain ? Je suis allé sur la tombe de mes parents pour le leur raconter. Leur raconter cette histoire et tant d'autres dans un dialogue dont je connaissais les réponses. Ils me voient toujours comme leur gosse turbulent, celui qui revenait à la maison les genoux en sang, les fripes déchirées, la bouche en cœur et l'œil rieur.

« Mon pauvre chéri, quel plaisantin tu fais ! » Comment mon père pourrait-il croire que j'embrasse le président de la République ? Comment Jacob Zaoui, né à Laghouat en Algérie française le 16 octobre 1899, successivement employé de banque, cordonnier, ajusteur, puis employé de bureau, pourrait-il seulement se mettre cela dans la tête ? Dans son monde, cela n'existe pas, cela ne pouvait pas exister. C'était abstrait. Le président ? C'est le personnage qu'il voyait à la télé, en noir et blanc. Un concept lointain. Même moi, quand j'y pense, j'ai du mal à le croire. C'est fou, dingue. C'est pourtant mon histoire. Une vie de roman. Un destin français, jusqu'à la caricature.

Puisse-t-elle donner à rêver, inspirer peut-être ceux qui n'ont rien ou qui ne sont rien, car rien n'est impossible à celui qui a le courage de prendre des risques et veut croire en son étoile.

# I

# LE FILS

# 1

# L'orphelin

Je l'ai toujours su.

Je n'en ai jamais parlé. Je n'ai jamais voulu en parler. Mes enfants n'en savent rien. Pas plus que les femmes qui ont partagé ma vie. Je le savais, c'est tout.

Mais j'ai fermé la porte à triple tour, comme si ce souvenir ne devait jamais sortir de l'endroit où je l'avais rangé, bien planqué, dans un coin de ma tête. Il était si profondément enfoui au tréfonds de ma mémoire que j'ai fini par l'oublier. Ou plutôt : par faire comme si je l'avais oublié. Parce qu'au fond je ne l'ai jamais vraiment effacé.

Je n'aime pas l'idée que ma jeunesse ait pu être malheureuse. C'était tout l'inverse.

Nous n'avions rien – ou pas grand-chose –, mais nous étions ensemble. Une famille nombreuse, unie, bancale parfois, mais solide. Ma mère était quasi aveugle. Mon père avait été brisé dans son honneur, viré d'une banque après qu'un ami avait abusé de sa confiance, condamné à réparer les chaussures des autres. Et pourtant, ils se battaient. Chaque jour. Pour nous nourrir, pour nous habiller, pour nous élever.

Comme le chante Aznavour :

« La misère est moins pénible au soleil. »

C'est vrai. C'est plus facile d'être pauvre au soleil que pauvre à Copenhague. C'est l'idée, du moins, que je m'en fais. Sous le ciel d'Oran, même les douleurs avaient des couleurs. On dormait tous dans une même pièce, tête-bêche comme des sardines, mais on riait, on se chamaillait, on s'aimait. Les rues étaient à nous. Les jeux aussi. Et malgré tout, il y avait une forme de joie. Une chaleur. Une fierté.

Mais la lumière du Sud ne remplit pas les assiettes.

Un jour, il a fallu partir. Comme tant d'autres familles, les Darmon (enfin, les Zaoui à l'époque) ont quitté l'Algérie pour la France. Destination : L'Isle-Adam, au nord de Paris. Le nom sonnait comme un titre de noblesse, mais il ne garantissait rien d'autre qu'un emploi modeste dans une usine. Une promesse de stabilité. Une chance à saisir. Pas pour faire fortune. Juste pour vivre mieux.

Nous avons embarqué tous ensemble à bord du *Sidi Bel Abbès*, ce bateau mythique pour les pieds-noirs qui assurait la liaison Oran-Marseille. Le voyage s'est fait dans le vacarme du moteur, tout au fond de la cale, là où on entasse les sans-grade, dans les effluves de pétrole et les haut-le-cœur des passagers lorsque le paquebot roulait trop fort, secoué par une tempête qui nous avait surpris au milieu de la traversée.

C'est là que ma vie a basculé pour la première fois. Pas sur le pont du bateau, non. Pas à Marseille non plus, où nous avions débarqué, ni à la gare Saint-Charles, ni dans ce train interminable qui nous a conduits jusqu'en Île-de-France. Mais peu après. En arrivant à Paris avant de gagner la banlieue.

Le choc est brutal. Le froid, les regards, la grisaille. Nous arrivions d'un monde où nous vivions dehors, en sandales, dans la poussière chaude, et on débarquait dans un pays qui vous enferme, vous juge, vous classe. Et surtout, il y a douze enfants. Douze. Et pas une pièce de plus pour les faire tenir.

Alors mes parents ont pris une décision.

Pas de gaieté de cœur. Pas par commodité.

Par obligation. Pour survivre.

Ils nous ont placés, provisoirement. Tous, ou presque. Chez des gens, des parents, des oncles, des tantes, la famille, dans des structures, dans des endroits qui pouvaient absorber, pendant quelques semaines, quelques mois, ce trop-plein d'enfants déboussolés. Moi, j'ai été confié à un orphelinat avec Josette, ma petite sœur.

Je devais avoir 5, peut-être 6 ans.

C'est l'âge où l'on commence à se souvenir. L'âge où l'on commence à comprendre qu'on vous a mis ailleurs. Pas parce que vous avez mal fait. Mais parce qu'il n'y avait pas mieux. Pas d'autres solutions.

Je n'en ai pas voulu à mes parents. Je ne leur en veux toujours pas. Ils nous aimaient sans nous le dire. Je le sais. J'en suis sûr. Nous manquions de tout, sauf d'amour. Mais, parfois, l'amour ne suffit pas. Il faut aussi un toit, du pain, un lit.

On m'a posé quelque part. Dans un établissement dont je ne me rappelle ni le nom, ni les murs.

Je sais seulement que ce n'était pas chez moi.

Les images sont floues. Un lit métallique. Des draps rêches. Des murs blancs ou gris.

D'autres enfants, qui ne me parlaient pas. Ou que je n'entendais pas. Des adultes trop pressés. Une routine glacée. Des repas sans odeur.

Mais je me souviens surtout de ce qui manquait.

L'odeur du linge lavé à la main. Le bruit de la machine à coudre. Le rire de mes frères. La voix et les bras de ma mère. La lumière dans les yeux de mon père quand il rentrait le soir, fourbu mais droit.

Je ne sais plus si j'ai pleuré. Peut-être pas. J'ai toujours été dur à la peine, même petit. Mais je me suis refermé. J'ai attendu. J'ai tenu. Mon seul souci, c'était ma sœur, ma petite sœur, ma presque jumelle. Pas les autres. Je ne me posais pas ce genre de questions. Ce n'était pas de l'indifférence. Mais mon seul horizon, c'était Josette.

Un jour, alors que je m'entretenais avec le réalisateur du documentaire que Canal + me consacre, un souvenir, brutal comme un éclair, m'a traversé et figé.

Je lui ai raconté cette période où l'on m'avait placé, avec ma petite sœur, dans un orphelinat de la place Denfert-Rochereau. J'étais persuadé, à cette époque, que mon père était venu à Paris sans travail, sans toit.

Dans mes souvenirs, cette séparation avait duré des mois… un an, peut-être un an et demi. Une éternité, en tout cas. Loin de mes parents, loin de mes frères et sœurs. Personne ne venait me voir. Le silence. L'absence. L'impression d'avoir été abandonné.

Bien plus tard, après cette conversation, j'ai voulu en avoir le cœur net. Je me suis lancé dans des recherches, jusqu'à découvrir cet établissement qui était à l'origine l'hospice des Enfants-Trouvés, fondé en 1638 par saint Vincent de Paul pour accueillir les enfants abandonnés. Au fil du temps, il a évolué en hospice des Enfants-Assistés, puis en hôpital Saint-Vincent-de-Paul en 1942, en hommage à son fondateur. Il était situé au 74, rue d'Enfer, devenue l'avenue Denfert-Rochereau. Les archives, elles, dorment dans les services de la mairie de Paris.

J'ai décroché mon téléphone. La personne à qui j'ai parlé n'était pas la bonne : son secteur ne couvrait pas mon dossier. Elle m'a expliqué que sa collègue, la véritable responsable, était absente pour quinze jours. Quinze jours ! Je n'ai pas cédé. J'ai insisté, supplié presque, pour obtenir au plus vite mes archives. Sans doute touchée par mon insistance fébrile, elle a fini par accepter de me faire une faveur.

Alors, j'ai attendu. Des jours interminables. Puis un matin, l'enveloppe est arrivée. Je l'ai ouverte fébrilement. Et là... le choc. Un choc terrible.

Josette et moi n'étions pas restés un an et demi dans cet orphelinat. Pas même quelques mois. Trois semaines et demie seulement. Et noir sur blanc, dans les papiers, une vérité que j'ignorais : mon père avait trouvé du travail et un logement, libéré trois semaines et demie plus tard.

Et pourtant... pourtant je revois encore la scène. Elle est gravée en moi comme une brûlure. C'était un matin, vers 7 heures. Josette, accompagnée par une sœur. Moi, tenant la main d'un prêtre. Nous nous sommes élancés l'un vers l'autre, nous étreignant avec toute la force du désespoir, pleurant à chaudes larmes. Et dehors, à la sortie, nos parents nous attendaient. Eux aussi en larmes. Débordés de douleur et de soulagement.

Trois semaines et demie. Pas un an et demi comme je me l'étais figuré. Pas six mois. Trois semaines et demie qui m'avaient semblé un exil. Trois semaines et demie qui avaient imprimé en moi une empreinte à vie. Trois semaines et demie pendant lesquelles j'avais eu peur d'avoir été oublié.

Et c'est peut-être bien là, dans cet entre-deux sans nom, que s'est jouée une partie de mon destin. Ce n'était pas un drame. Pas un traumatisme. Je n'ai jamais dormi dehors. Je n'ai pas été battu. Mais j'ai été mis entre parenthèses.

Je me suis juré, sans le dire, sans même m'en rendre compte :

« Plus jamais. »

Plus jamais être de trop. Plus jamais être celui qu'on met de côté. Plus jamais être l'enfant qui attend qu'on vienne le chercher.

Alors j'ai commencé à vouloir exister. Fort. Pas juste être là : imposer ma présence. Pas juste parler : convaincre. Pas juste plaire : devenir indispensable.

Je crois que toute ma vie, quelque part, j'ai répondu à ces trois semaines-là.

Elles ont fait de moi un vendeur hors norme. Un entrepreneur acharné. Un amoureux du foot qui a su parler à des présidents de club comme à des présidents de la République.

Parce que je ne voulais plus jamais être invisible.

Ce n'est pas une blessure. C'est une source.

Une mémoire qui me pousse, qui m'oblige, qui me rappelle d'où je viens.

Je ne suis pas un miraculé. Je suis un enfant d'une famille pauvre, aimante, débrouillarde. Un enfant de la débrouille. Je suis un gosse d'Algérie, débarqué à

L'Isle-Adam sans rien, cachant qu'il était juif, ramassant les mégots pour que son père puisse fumer.

Je suis un frère parmi douze. Un fils qui s'est construit inconsciemment sur cette inquiétude, cette intranquillité.

Un garçon placé trois semaines et demie et marqué pour toujours.

Voilà pourquoi ce livre s'ouvre ici. Pas à Oran. Pas sur un terrain vague. Mais entre quatre murs anonymes, quelque part en France, où un petit garçon s'est juré, sans le savoir, qu'il ne serait plus jamais oublié. Pas au sommet. Pas dans un bureau. Pas dans une loge du Parc des Princes. Mais dans cet instant flou, froid, où j'ai compris que je voulais compter pour ne pas être oublié.

## 2

# Sous le ciel d'Oran

Avant que je devienne Jean-Claude Darmon, j'étais un petit Zaoui. Jean-Claude Zaoui, né à Oran dans une famille recomposée comme on en voit peu.

Mon père, Jacob Zaoui, était veuf avec quatre enfants. Ma mère, Anna Korsia, aussi. Huit enfants à eux deux avant même d'être unis. Ensemble, ils allaient en avoir quatre de plus.

Je suis le premier-né de cette dernière série. Autant dire que j'ai grandi dans une véritable tribu. Une tribu avec ses lois, ses alliances, ses disputes et ses hiérarchies. Une sorte de société parallèle dans laquelle j'ai appris très tôt à me faire une place. Celle d'un aîné. L'aîné des quatre derniers de la famille.

Quand je suis né, mon père était loin de la maison. Mobilisé comme tous les hommes, il faisait la guerre quelque part sur le sol africain. Alors la sage-femme m'a déclaré sous le nom de jeune fille de ma mère : Korsia. Ce n'est qu'au retour du front, en 1945, que mon père a pu me connaître. Et me reconnaître. J'ai alors hérité de son nom : Zaoui.

Un nom à part, d'ailleurs. Parce que, dans sa famille, tous les autres – ses onze frères et sœurs – s'appelaient Darmon. Lui seul était un Zaoui, du fait d'un sobriquet accroché à son propre père : Naïm Darmon, dit Zaoui. À Laghouat, la ville où il était né à quatre cents kilomètres au sud d'Alger, des dizaines de familles portaient le nom Darmon. Toutes se connaissaient, se fréquentaient, se mélangeaient. C'en était au point qu'on s'y perdait. Alors chacun recevait un surnom. Le sien est resté. Et, magie de l'état civil de l'époque, ce sobriquet est devenu le nom officiel de mon père. Sans que personne trouve à y redire.

Il a fallu attendre les années soixante pour que mon frère aîné – le plus vieux de nous tous – entreprenne les démarches auprès d'un notaire à Tiaret. En huit jours, son état civil était rectifié : il devenait officiellement René Darmon, au lieu de René Zaoui.

De mon côté, j'ai dû attendre mes 20 ans, après l'armée, et surtout d'avoir les moyens financiers pour entreprendre la même démarche. À Marseille, j'ai fait appel à maître Abeille, avoué, qui s'est chargé des formalités auprès des instances compétentes. L'objectif était d'obtenir la même rectification que mes frères et sœurs, qui avaient déjà effectué le changement de nom de Zaoui à Darmon. Leurs démarches ont facilité les miennes.

Si mon père avait engagé cette procédure à temps, nous aurions tous porté le nom de Darmon dès le départ. Mais, sous l'influence de ma mère, il était persuadé que renoncer au nom de Zaoui lui ferait perdre sa retraite. Il n'a donc jamais rien entrepris.

Finalement, chacun de nous a dû, à sa majorité, engager cette démarche individuellement, pour obtenir réparation – et surtout, pour retrouver notre vrai nom de famille : Darmon.

Ce Jacob-là, mon père, était un homme jovial et heureux. Avant d'être cordonnier, il avait été employé de banque. Tiré à quatre épingles, rigoureux, apprécié. Jusqu'au jour où une connaissance qui se voulait son ami l'a trahi. Mon père était derrière son guichet. Cet « ami » lui a demandé un service, une facilité, un prêt remboursable sous huit jours qui donnait en garantie toute sa production de blé. Mon père ne savait pas l'opération douteuse, il a eu le malheur de lui confiance. L'homme ne reviendra jamais au guichet. Il a vidé ses comptes. Mon père est licencié. Déclassé. Brisé. Humilié. Son nom est mis sur une liste noire des banques locales afin qu'il ne puisse plus jamais retrouver un emploi dans le secteur. Dans cette affaire, il avait perdu plus qu'un emploi. Il avait perdu sa fierté. Alors il a pris ce qu'il restait : ses mains, son courage. Et il est devenu cordonnier.

Pas artisan, non. Cordonnier. C'était le premier métier qui s'était offert à lui. Il rapiéçait les chaussures dans une échoppe obscure, dans l'odeur du cuir, le bruit sourd du marteau, les doigts noircis par le cirage. Ce n'était pas un métier, c'était une survie. Il ne s'en plaignait jamais. Il travaillait. Sans un mot. Sans un soupir. Et nous, on le regardait faire. En silence. C'était un père du silence, mais pas de l'absence. Il était là. Là, dans la sueur. Dans la lassitude. Dans le sacrifice. Il avait renoncé à ses ambitions.

Ma mère, elle, voyait mal. Probablement victime de la cataracte qu'elle n'a jamais voulu soigner. Elle avait peur. Mais elle voyait tout. Elle avait cette manière de deviner sans regarder, de comprendre sans qu'on parle. Presque aveugle, elle tenait la maison d'une main sûre, et d'une voix douce. C'était une femme d'avant, droite, discrète, toujours occupée. Elle cousait, elle cuisinait, elle consolait. Se démultipliait. Avec ses doigts, elle réparait nos habits, nos bobos, nos petits drames. Elle ne pouvait pas lire les lettres, mais elle savait lire sur nos visages.

Ce n'était pas une femme tendre au sens mièvre du terme. Elle était présente, rassurante, debout avant tout le monde, couchée après les derniers. Quand mon père s'est effondré, c'est elle qui a tenu la barre, elle qui a évité que le naufrage n'emporte la famille. J'ai appris d'elle ce que « tenir bon » veut dire. Sans drame, sans cris. Tenir. Tout simplement.

Elle parlait peu. Mais elle savait. Une fois, je lui ai demandé :

– Maman, pourquoi tu ne pleures jamais ?

Elle a souri.

– Parce que si je commence, j'arrête plus.

Elle était de ces femmes dont le silence est une force. Elle ne s'apitoyait pas. Elle agissait.

Un regard d'elle, et nous rentrions dans le rang. Elle n'avait pas besoin de punir. Sa seule fatigue suffisait à faire naître la culpabilité. Encore que cela ne nous empêchait pas de faire des bêtises.

Nous étions quatorze sous le même toit, douze enfants et nos deux parents. La maison ? Un gourbi situé au 45, rue de Wagram. Nous vivions au premier étage d'un petit immeuble où les rats avaient pris possession de l'escalier. On logeait dans deux pièces. Une grande chambre pour les enfants, où l'on dormait tête-bêche, serrés comme des sardines. Une plus petite, pour les parents. Et une cuisine minuscule, à peine un recoin. Pas de salle de bains. Un seau, une bassine, un coin d'eau. C'était peu. Mais c'était chez nous.

Nous vivions en promiscuité, dans un désordre permanent mais vivant. Les voix se superposaient, les pleurs couvraient les cris de joie, les disputes éclataient aussi vite qu'elles s'éteignaient. Chacun avait sa place, définie par l'âge, le tempérament ou l'audace.

Il fallait se battre pour se faire entendre, pour se faire aimer, pour exister. Cette jungle domestique a forgé mon caractère. Il n'y avait pas de place pour les faibles. On n'était pas malheureux, non. Mais on apprenait très tôt la loi du plus malin, la ruse, le sens du rythme et de la réplique. C'était ma première école.

Moi, j'étais un garçon remuant. Vif. Fuyant l'autorité comme la peste. Rebelle. Trop intelligent pour rester à ma place, trop pauvre pour croire que j'avais une place. Je parlais vite. Je chantais. Je bougeais tout le temps. Je faisais des affaires dès que j'en avais l'occasion : j'échangeais des billes contre des timbres, des boutons contre des bonbons. J'étais déjà un marchand, un négociateur, un débrouillard.

Quand nous avions trop la dalle, je traînais Josette dans les champs. Nous ramassions des pommes de terre. Nous trouvions des os, des mâchoires de bovins, et il se trouvait des mecs pour nous les acheter. Je revendais tout ce que je trouvais. Du nickel, du plomb, que sais-je encore.

C'était ma manière de me faire de l'argent. Je participais comme je le pouvais à l'amélioration de l'ordinaire de la famille.

Un jour qu'un camion avait fait tomber devant moi un sac de farine, mon frère s'était empressé de le ramasser pour le donner à ma mère. Manque de bol, elle n'avait pas commencé à vouloir en faire de la pâte à pain, qu'elle se rendait compte que c'était du plâtre.

Je passais des heures à l'extérieur, à courir, à jouer, à observer. Je jouais de la guitare, je chantais dans la rue. Comme un artiste. L'une de mes sœurs se moquait au point de me surnommer « le chanteur inconnu ». Le foot, surtout, occupait tout mon esprit. On improvisait des parties avec des balles de chiffon, entre deux murs décrépis. On formait les équipes à la volée, les règles changeaient à chaque but, mais le plaisir restait intact. J'adorais sentir le ballon frôler ma cheville, entendre les cris, la clameur joyeuse de ces matchs de rue ou sur un terrain vague qui ressemblait à un dépotoir.

Mon grand frère Bébert veillait toujours sur moi, il m'emmenait partout avec lui et je le suivais, main dans la main, comme son petit protégé. Le vendredi soir, c'est lui qui m'accompagnait à la synagogue.

Parfois, avec les gosses du quartier, nos jeux dérapaient. Le bas de la rue de Wagram se transformait en champ de bataille. On se lançait des pierres comme on aurait lancé des balles. Une fois, j'en ai pris une sur le crâne. Je suis rentré la tête en sang. Ma mère, excédée, m'a puni à sa manière, d'une gifle, avant de m'emmener me faire recoudre au dispensaire.

Mais ça ne m'arrêtait pas. Je me faisais respecter comme je pouvais. J'avais du répondant, de l'aplomb. J'étais drôle. Ou insolent, selon l'adulte en face. Je m'étais promis très tôt de ne pas être comme les autres. Pas parce que je me croyais supérieur. Parce que je ne voulais pas rester invisible, je ne voulais pas renoncer à être quelqu'un.

Le jour où j'ai fait mes premiers pas à l'école, j'étais habillé d'une couverture de l'armée marron que ma mère avait bricolée pour me confectionner un semblant d'uniforme. J'avais l'allure d'un pouilleux. D'ailleurs j'avais des poux plein la tête. Il faut dire qu'on jouait dans la poussière, qu'on échangeait nos bonnets, qu'on dormait partout. Ma mère a pris une décision radicale. Faute de parvenir à me débarrasser de mes poux, faute aussi de pouvoir me payer une coupe dans un salon de coiffure, elle m'a rasé. Tondue, ma tête d'enfant. J'étais comme nu. Honteux. J'avais l'impression qu'on me regardait comme un pestiféré. Cette tonte marquait ma condition, ma pauvreté.

Ce jour-là, je n'ai rien dit. Mais quelque chose s'est figé. J'ai compris que la pauvreté pouvait vous coller à la peau. Que ce n'était pas une situation, mais un stigmate. Et j'ai juré – intérieurement – que plus jamais je ne laisserais quelqu'un me tondre, symboliquement ou pour de vrai. J'en ai fait une obsession : la présentation, l'allure, l'odeur, les vêtements. Pas pour paraître. Pour survivre. Pour qu'on ne me regarde plus jamais comme un misérable.

Et pourtant… Dieu que je l'aimais, cette Algérie. L'odeur du pain chaud, cette demi-baguette que ma mère nous donnait en guise de repas. Le bruit du marchand ambulant. Les parties de foot avec des ballons en tissu. La clameur des rues. Le soleil sur les épaules. Le goût de l'eau fraîche qu'on buvait au robinet. C'était un pays rugueux mais chaleureux, dur mais tendre. J'y ai appris le sens du combat, du collectif, de la débrouille. J'y ai appris à me taire, à observer, à inventer.

Ce fut ma première école. Celle des rues, des repas partagés, des gifles rapides, des câlins brefs. Celle de la survie joyeuse. Celle de la dignité conquise par le mouvement, l'intelligence, la débrouille, l'humour. Celle qui m'a tout donné alors que je ne possédais rien.

Je n'écris pas cela pour attendrir. Ce n'est pas un plaidoyer larmoyant. C'est un rappel. Une photographie. Le point de départ d'une trajectoire improbable. Tout ce que je suis devenu, je le dois aussi à ces années-là. Pas malgré elles. Grâce à elles.

3

# La promesse de L'Isle

Quitter l'Algérie, ce n'était pas un voyage, c'était une rupture. Un arrachement. On était des pauvres qui partaient chercher un peu mieux. Le soleil, c'est bien, mais ça ne remplit pas l'assiette. Mon père avait entendu parler d'une usine à L'Isle-Adam, qui cherchait un magasinier. Une paie modeste, un logement peut-être. Il n'en fallait pas plus. On a plié bagage sur la promesse d'une vie meilleure, encore que mon père se soit bien gardé de justifier cet exil.

L'appartement était plus spacieux, c'est vrai. Mais toujours modeste. Mon père avait troqué l'alène contre la pointeuse. Magasinier, pièces détachées, gestes répétitifs. Mais, le soir, il continuait à réparer nos godasses avec des morceaux de pneus. Deux kilos chacune, ces pompes-là. Tellement solides qu'elles finissaient par craquer par le dessus.

On avait quitté une misère pour une autre misère. On était encore pauvres. Mes sœurs retaillaient les pantalons trop courts de mes frères pour me faire des vêtements. Avec Josette, on ramassait les mégots dans les lieux publics pour récupérer le tabac. Papa se roulait ses cigarettes avec ça.

À l'école de L'Isle-Adam, il n'y avait pas d'étrangers, pas plus que dans la ville. Avec mon accent, j'étais perçu comme une curiosité, une énigme venue d'Algérie. On attendait donc de moi que je parle l'arabe. Je ne faisais rien pour les contredire. Mes parents nous avaient bien dit de ne surtout pas dire qu'on était juifs. Trop de souvenirs. Trop de morts, de traumatismes. Il fallait dissimuler qui nous étions. Alors j'ai appris à taire cette partie de moi. Ou tout l'inverse : à parler fort, à faire le malin, à prendre les devants.

J'étais trop turbulent. Trop réactif. Trop moi. Déjà caricatural. Ma mère soupirait : « Mais qu'est-ce qu'on va faire de lui ? » Mon père, lassé, dégrafait sa ceinture. C'était le rituel. Je courais me planquer dans la penderie, entre les manteaux. Il savait que j'étais là. Il donnait quelques coups symboliques. On appelait ça la punition. Mais c'était une mise en scène. Une comédie sociale. Lui jouait le père sévère. Moi au gosse contrit. Chacun son rôle.

Je l'aimais, mon père. Mais je ne voulais pas lui ressembler. Je refusais d'avoir sa vie. Trop de silence, trop d'acceptation. Il baissait la tête, travaillait sans bruit, encaissait. Il était digne, oui. Mais, à mes yeux d'enfant, il subissait. Moi, je voulais choisir. Décider.

Ne pas attendre que les coups tombent. Ne pas vivre plié.

C'est peut-être pour ça que je n'étais pas docile. Je testais les limites. Je provoquais. Je voulais qu'on m'entende, qu'on me voie. Pas pour le plaisir de faire du bruit. Pour exister. Pour ne pas me fondre. J'étais un réfractaire, instinctif. Un insoumis en herbe. Ce n'était pas une révolte contre l'autorité. C'était un cri d'indépendance. Je ne savais pas encore quoi faire de ma vie, mais je savais déjà ce que je ne voulais pas : la subir.

Je n'étais pas scolaire. Pas fait pour les bancs. Mais j'apprenais. Par moi-même. En sautant dans l'Oise, par exemple. Je ne savais pas nager. Mais j'y allais. Depuis le parapet du pont de Parmain. Il fallait viser juste. Trop loin, je me noyais. Trop près, je m'écrasais. Alors je calculais. J'apprenais à tomber bien. À tomber sans mourir. Ça vaut toutes les écoles, ça.

Mon frère Robert, le premier fils de ma mère, s'était noyé dans l'Oise. Peut-être que je me jetais à l'eau pour venger ce frère. Pour dire à l'Oise : « Tu ne m'auras pas deux fois. »

Et puis, un jour, j'ai décidé que j'allais apprendre à nager pour de bon. Je n'avais pas les moyens de me payer l'entrée de la piscine de L'Isle-Adam. Je proposai mes services pour chasser les rats ou installer les transats au bord du bassin en échange de pouvoir me glisser dans l'eau. L'ouvreur accepta. Je me souviens que je suis entré à 9 heures du matin dans le grand bassin de la piscine de L'Isle-Adam. J'en suis ressorti à 9 heures du soir. Douze heures d'eau, sans pause. À midi, je savais nager sous l'eau, sans plus d'appréhension. À 19 heures, je savais nager au-dessus. C'est comme ça que j'ai tout appris, seul. Nager. Skier. Vivre. J'ai toujours tout appris tout seul. Je n'ai pas eu les moyens d'avoir un prof. Pas eu le luxe d'avoir un guide. Il fallait avancer, s'auto-former, apprendre dans la chute et dans l'effort.

Et je vais devenir un bon nageur. Brasse et dos, surtout la brasse. Je rejoins le club local. Je progresse vite. Je me souviens d'une compétition régionale : je termine premier en brasse. Puis on monte d'un cran. Championnat d'Île-de-France. Finale. On finit quatrièmes sur huit, en relais quatre nages. J'étais le remplaçant. Le titulaire s'était blessé juste avant la compétition. Un sacré nageur, surtout en papillon. Et ce jour-là, justement, la fédération décide de remplacer le « papillon ciseaux » par le « papillon dauphin ». Changement de règlement, deux jours avant la course. Notre meilleur papilloniste ne peut plus nager. Alors je prends sa place. Je fais ce que je peux. On finit quatrièmes. Pas mal, pour un môme qui avait appris à nager seul, sans l'aide d'un maître-nageur.

J'ai vite cherché à bosser. À faire quelque chose de mes mains, de mes pieds, de mon culot. Le boucher m'avait repéré sur la place du village. Il m'a proposé de l'aider dans sa tournée du jeudi. Je me levais à 6 heures, j'aidais à charger la viande. Il m'apprenait les morceaux : gîte, plat de côtes, tendron, gigot, hampe, araignée. J'écoutais, je retenais ce que je pouvais. C'était un apprentissage improvisé, brut, mais ça me plaisait. J'apprenais. À chaque village, on klaxonnait, on ouvrait le hayon, on servait les clients. Je n'étais pas très utile, mais il m'aimait bien. Je lui tenais compagnie. Pour me récompenser, il m'offre une demi-baguette de pain avec à l'intérieur de la viande hachée de cheval.

Une fois par mois, on changeait de décor. Direction l'abattoir. Là, plus de place pour le folklore. Je découvrais la mort dans ce qu'elle a de plus concret, de plus physique. J'étais en première ligne : c'était à moi de tenir la casserole pour récupérer le sang qui jaillissait de la jugulaire, et de bien le touiller pour éviter qu'il ne coagule. Les porcs, les agneaux, les bœufs, tout y passait. Ça m'écœurait au début, mais je m'habituais. Je m'endurcissais. Sauf pour les chevaux. Ça, je ne pouvais pas. Chaque fois, c'était un drame.

Un jour, le boucher m'embarque pour aller chercher un vieux cheval de réforme. Il l'avait acheté trois semaines plus tôt à un paysan et l'avait laissé au pré pour qu'il engraisse en attendant l'abattage. On s'approche en camion. Le bourrin, à l'autre bout du champ, lève la tête, nous repère, et se met à galoper. Arrivé contre la clôture, il tend le cou, frotte sa grosse tête contre le bras du boucher. Il venait pour mourir. Il offrait de l'affection. Et là, ce costaud qui n'avait jamais bronché devant une saignée reste figé. Quelques secondes de silence. Puis il lâche, presque gêné : « Bon, on verra plus tard. »

Ce jour-là, on est rentrés sans le cheval. Il a fini ses jours paisiblement, quelque part à la campagne. Et moi, j'ai appris que même les plus durs peuvent céder devant un geste d'amour. Ce n'était pas de la faiblesse. C'était une autre forme de force.

L'école, ce n'était pas mon monde. Il y avait bien Monsieur Rodier, un maître à l'ancienne, avec sa blouse grise, son tableau noir et sa craie blanche. Un communiste. Il était exceptionnel. Je l'ai eu pendant dix ans. Chaque fois que je montais d'une classe, il montait d'une classe. Il faisait sa promotion en même temps que moi. Il se donnait un mal infini pour nous instruire, nous enseigner la grammaire et les tables de multiplication. Nous étions butés, mais il ne désarmait pas pour faire entrer dans nos crânes de moineaux l'indispensable. Il savait se faire respecter, au besoin à l'aide de sa règle en métal, qu'il faisait claquer sur nos mains.

Chaque matin, il débutait la classe par une petite histoire dont il cherchait à tirer une leçon. Celle du rocher, par exemple. La route est barrée par une pierre énorme qui s'est détachée de la montagne. Un homme arrive et découvre qu'il ne peut plus avancer.

Il s'assoit sur le bas-côté, attend. Un deuxième marcheur arrive. Il fait le même constat. Puis un troisième, un quatrième. Lorsque le cinquième arrive, il dit aux autres : « Tout seuls, nous ne pouvons pas déplacer ce roc. Mais si nous unissons nos efforts, alors, nous pourrons y arriver. » Les autres se lèvent et tous se mettent à pousser. C'est ainsi qu'ils libèrent la voie et qu'ils peuvent reprendre leur route. C'est ça, la solidarité. Seuls, nous ne sommes rien. À plusieurs, nous pouvons déplacer des montagnes.

Monsieur Rodier était intarissable et multipliait les fables morales pour nous apprendre les valeurs auxquelles il croyait. Rodier croyait en moi. Il s'était pris d'affection pour moi, m'appelait « joli cœur ». J'étais trop bavard, trop remuant, affabulateur, surtout pas m'inventer des excuses qui justifiaient que je n'aie pas appris mes leçons. Mais il sentait quelque chose. Il me l'a fait comprendre. Un regard, une phrase. Je n'ai pas oublié.

Je grandissais dans le mouvement. Dans la répétition. Dans la dissimulation. Mais aussi dans l'envie. L'envie de faire ma place. Pas d'être le meilleur. D'être quelqu'un. Quelqu'un qu'on voit. Qu'on respecte.

Il y avait le foot, aussi. Mon premier club. Mes premiers matchs. Mon premier maillot. Celui de gardien. Fierté d'enfant. Je l'exhibais à l'épicerie, comme un trophée.

L'Isle-Adam, c'est là que j'ai compris que tout ce qui ne s'apprend pas dans les livres peut s'apprendre autrement. Dans la chute, la bagarre, la vente, le regard des autres, le travail mal payé, le geste juste. J'ai compris que la vie ne fait de cadeaux : elle te met à l'épreuve, et tout ce que tu obtiens, tu dois le mériter.

Je n'avais pas de diplôme. Mais j'avais déjà des valeurs. Le travail. La dignité. La résilience. Le goût du risque. Et cette intuition qu'il n'y aurait pas de raccourci. Qu'il faudrait tout construire. Et que ce serait à moi de le faire, à ma manière, pas celle de mon père. Voir plus loin. Je ne le jugeais pas, mais je ne l'admirais pas non plus. Je l'aimais. Avec cette tendresse silencieuse que les fils gardent pour les pères qui se sont tus toute leur vie. Il m'avait offert l'exemple du courage discret, du devoir accompli sans fracas. Moi, je rêvais d'un autre destin. Mais sans jamais renier celui dont je venais. Peut-être que c'est aussi grâce à lui que j'ai eu la rage de m'en sortir. Parce qu'il me renvoyait ce que je ne voulais pas devenir. Et parce qu'il m'aimait à sa manière. Sans mots, mais sans faille.

# 4

# Éclaireur de France

Je me suis construit en prenant des chemins de traverse. Les rencontres qu'il m'a été donné de faire ont contribué à me façonner plus que les cours.

En 1954, j'ai 13 ans. Je suis ami avec deux camarades d'école, dont une avec qui j'entretiens une relation très amicale. C'est elle qui me suggère de rejoindre les Éclaireurs de France. Le responsable régional est un de ses amis. C'est un jeune homme séduisant de 18 ans. Il nous explique le fonctionnement des Éclaireurs de France. Le mouvement a été fondé par André Lefèvre et Pierre de Coubertin. Il est assez similaire à celui des Scouts de France, mais avec une différence notable : chacun est totalement libre d'avoir la religion qu'il veut… ou de n'en avoir aucune. Le mouvement des éclaireurs se voulait l'expression d'un scoutisme « républicain », attaché aux valeurs de l'école publique et à la neutralité confessionnelle.

Curieux, je rejoins une patrouille existante à L'Isle-Adam. D'emblée, je suis SP. En d'autres termes, je suis second de patrouille, numéro deux. Plus concrètement, je me retrouve bien vite responsable des sandwiches, de la cuisine, etc. Le week-end, nous partons camper dans la nature. Nous dormons sous des tentes que nous montons nous-mêmes. Nous avons plein d'activités, avec toujours des missions qui mettent l'accent sur la dimension civique : défrichage, ramassage des papiers par terre. Et comme les scouts, nous marchons en équipe au rythme des chansons propres à la section… Le soir, c'était le temps du feu de camp. Je préparais la tambouille et tentais de faire valoir mes talents de cuistot. Ma réputation venait surtout du petit déjeuner : je m'illustrais avec le pain perdu. Je trempais du pain rassis dans du lait, puis dans de l'œuf battu, je le faisais poêler et je le servais saupoudré de sucre fin, accompagné de café soluble ou de thé.

Une fois par an, nous participions à une grande réunion rassemblant toutes les patrouilles, avec des compétitions dans différents sports : tir à l'arc, foot, natation, course à pied sur une dizaine de kilomètres. Celle qui me revient à l'esprit a eu lieu à Gimel, en Corrèze, où nous étions allés après un long trajet en train au départ de la gare d'Austerlitz. Nous avions une très belle équipe. Nous étions deuxièmes avant la dernière épreuve : la natation. Il fallait traverser le lac, tous ensemble, à partir de la même ligne de départ. J'étais aux anges : c'était ma spécialité !

Au coup d'envoi, je me lance sur le dos, je nage à bon rythme et je prends la tête. Mais, soudain, un gamin à qui je prenais pourtant 40 cm, en crawl, me double comme s'il volait ! Je n'en reviens pas. La distance est longue, je force comme un perdu, je m'époumone pour le rattraper. Décimètre après décimètre, je grignote mon retard. Je m'étouffe presque, je reprends mon souffle en brasse pour récupérer, puis, à 5 mètres de l'arrivée, je donne tout en double crawl, comme si c'était une question de vie ou de mort. D'une main, je touche l'arrivée juste avant lui.

Je le regarde d'un air supérieur, mais, au fond de moi, je me dis : « Putain ! Ce qu'il est fort ! » Et nous finissons par remporter cette session. J'ai le sentiment d'avoir pris toute ma part dans cette victoire au prix d'une leçon, celle d'apprendre que rien n'est acquis à l'avance et qu'il ne suffit pas d'être le meilleur sur le papier, il faut en faire la démonstration sur le terrain sans mésestimer la concurrence.

# 5

# *Made in* Marseille

C'était écrit quelque part. À défaut de fortune, il nous fallait le soleil. *Back to* Marseille. Mon père s'était fait embaucher par mon oncle Korsia, qui lui avait trouvé une place dans une usine, près du port, pour quelques sous en plus. Nous procédions à une sorte de regroupement familial.

Ce nouveau départ signifiait un nouveau déménagement. Pour moi, c'était surtout la fin de l'insouciance. Je m'étais fait une raison : contrairement à mes frères et sœurs, je n'étais pas fait pour les études. J'avais le sentiment de perdre mon temps. Je voulais gagner mon pain. Connaître bientôt l'indépendance. J'avais tout juste mon certificat d'études en poche… Et alors ! Il était temps que je travaille. J'avais 15 ans.

Le monde du travail m'attendait sur le port de Marseille. Me voilà docker dans l'entreprise de tonton. Du lundi au samedi, je me coltinais des tonnes de marchandises. J'apprenais à manier le ganchou, ce croc qui permet de riper les énormes balles de coton. Départ de la maison à 6 heures du matin, été comme hiver, pour parcourir à pied – le bus était trop cher – les quelques kilomètres jusqu'au port. Le soir, même chose, sauf qu'entre-temps j'avais dix heures d'effort dans le corps, avec la maigre gamelle du midi dans le ventre. En pleine croissance, je dévorais tout. Les vieux briscards du quai avaient pitié de l'affamé que j'étais : souvent, ils me donnaient un peu de leur frichti. Mais sur le chantier, pas de cadeaux. Chacun, jeune ou vieux, devait faire sa part. Et pas de favoritisme : être le neveu d'un des patrons ne m'épargnait aucune tâche ingrate. Je me coltinais mon lot comme les autres, suais peut-être plus que les autres pour tenter de me faire une place.

Parfois, je repartais avec quelques oranges dans les poches, ramassées dans une caisse éventrée. D'autres savaient s'organiser mieux que moi. Les marchandises « tombées du bateau » sortaient par sacs entiers, cinquante kilos sur le dos, sous le nez des douaniers qui regardaient ailleurs. Je découvrais la grande école de la débrouille et de l'effort.

À côté des quais, je m'inscrivis deux soirs par semaine aux cours de la chambre de commerce, rue Sainte-Victoire. J'y découvris ce qu'était un chèque – je n'en avais jamais vu de ma vie. On m'apprit à le remplir, à tenir une comptabilité élémentaire, à décrocher le téléphone. Le jour, je chargeais les balles de coton ; le soir, j'apprenais à manier les chiffres et les formules de politesse. Je sentais déjà que l'avenir ne se résumerait pas à pousser des ballots, déplacer des containers, mais qu'il fallait faire de chaque apprentissage un bagage de plus qui compterait pour le futur.

Je garde en mémoire les marches matinales avec mon père. Lui travaillait près du port. Chaque matin, nous partions ensemble dans le silence de l'aube. Il avançait d'un pas régulier, le regard droit, sans jamais se plaindre. À ses côtés, j'apprenais ce que signifiaient le respect de la parole donnée et la valeur de l'effort. C'était une leçon muette, mais plus forte que n'importe quel sermon sur la montagne.

Marseille m'apprenait par le travail, mais aussi par la rue. Un soir, un copain m'entraîna avec lui dans une salle de boxe. Il était grand, musculeux, d'origine algérienne, persuadé qu'il ferait un malheur sur le ring. Moi, je suivais, ou plutôt je l'accompagnais, comme s'il avait besoin d'assurance. Mais l'entraîneur, Henri Barba, celui qui avait sorti des champions d'Europe, ne vit que moi. Il regarda le colosse, puis posa son regard sur le gamin nerveux que j'étais. « Toi, tu boxes. » Comme s'il avait flairé quelque chose. Il m'a fait monter sur le ring pour un essai que je n'avais pas sollicité. Mon pote avait la masse, moi j'avais l'instinct. Barba avait su choper ce petit quelque chose en moi qui fait les boxeurs. Une attitude. Un regard.

Il était hors de question que je sois boxeur, mais j'avais plaisir à m'entraîner, au cas où !! J'appris vite. Les entraîneurs parlaient d'un round d'observation. Moi, je fonçais. J'attaquais dès le début. J'apprenais à lire l'adversaire dans ses gestes, ses yeux, sa respiration. Je voulais comprendre comment on se défend, comment on prend l'avantage. Je ne voulais pas être professionnel, mais je voulais être prêt dans la rue, prêt dans la vie. C'est important de savoir se défendre. Je n'ai jamais éprouvé le moindre plaisir à cogner pour détruire, pour me venger, mais m'entraîner pour savoir me défendre, ça oui.

Je me retrouve à travailler en duo sur les quais avec une star de la boxe, Joseph Gioconti. Il devait avoir dix ans de plus que moi, mais il avait déjà la gueule cabossée. Ses dents de devant étaient en argent. Il enchaînait les combats amateurs, jusqu'à trois par semaine, avant de disputer plus tard son premier combat professionnel, en 1961, et son dernier combat, en 1964, pour un total de quinze combats gagnés avec 40 % de victoires par K-O.

Sur les docks, son statut le préservait des tâches ingrates. Son job consistait uniquement à piloter la conduite électronique de la montée des palettes, du sol vers le haut du bateau, et rien d'autre. Il était convenu que personne ne lui cherche des poux, même s'il en faisait moins que les autres. C'était convenu tacitement. Celui qui se tapait tout le boulot, c'était moi :

je chargeais sur les palettes des sacs de plâtre bien serrés, je les encerclais de câbles afin que le chargement monte dans de bonnes conditions sur le bateau.

Un jour, j'arrime mal et un sac de plâtre se détache. Il tombe sur la tête de Jo. Catastrophe : il est quasiment sonné, K-O. Panique générale. Après quelques minutes, il secoue la tête, se relève, me regarde… « Je vais te tuer », et le voilà qui se lance vers moi. Je cours comme un perdu, la peur au ventre, et heureusement, je cours plus vite que lui. Au détour d'un hangar, j'aperçois une grosse clé à molette, que je saisis. Je fais volte-face et me dirige vers lui, prêt à en découdre et à défendre ma peau. Stupeur : des cris fusent et lui part dans l'autre sens en courant.

Il faut que les dockers qui travaillaient près de nous s'interposent pour nous séparer.

Quand vint l'heure de rentrer à la maison, je n'ai pu m'empêcher de me refaire le film de mon après-midi. J'ai passé une nuit atroce : l'adrénaline était retombée et la peur bientôt s'installait en moi. J'étais dans l'incapacité de trouver le sommeil. Je craignais qu'il ne veuille se venger.

Le lendemain, à 7 heures, je devais être à pied d'œuvre devant ma palette traditionnelle. Il est déjà là. Je vais tranquillement – enfin, presque – prendre mon habituel sac de plâtre pour le mettre en place. Il arrive, prend le bout du sac avec moi et le pose sur la palette. Depuis ce jour, il m'a aidé à installer les sacs, sans jamais aborder l'accrochage. C'était comme si j'étais devenu un docker du jour au lendemain, qu'il me reconnaissait comme un homme.

Moralité : est-ce que le champion qu'il était a eu pitié de moi et de ma maladresse ? Ou bien est-ce qu'il appréciait mon courage de gamin ? Une certitude, je m'étais fait une réputation sur les quais et plus personne ne me chercherait de noises. Au plus profond de moi, je réalisais surtout que le courage n'est pas l'absence de peur. C'est la capacité à la dompter.

Après la semaine sur les quais, je m'octroyais chaque samedi une récompense : une virée en boum le samedi après-midi. Le déjeuner à peine avalé, j'enfilais mon unique pantalon de ville, je mettais de la brillantine dans mes cheveux et je filais à la Comtesse, une boîte qu'un copain coiffeur m'avait fait découvrir. Sans les copains, pas d'entrée : les mineurs non chaperonnés restaient à la porte. J'y passais des heures à regarder les filles danser, tentant ma chance de temps en temps. Un pêcheur débutant, avec quelques touches, mais pas de prise. Alors je me rabattais sur le bar, un Vittel-menthe à la main, observant le manège des grands.

Un soir, mon voisin de tabouret m'aborda :

– Salut, minot. Qu'est-ce que tu fais dans la vie ?

– Je travaille sur les docks. Mais je ne ferai pas ça tout le temps.

Au fond de moi, je l'avais toujours su. Je ne voulais pas de cette vie d'esclave.

– Tu peux faire quoi ?

– Je peux vendre. Des assurances ou n'importe quoi.

Il s'appelait Gaston Pérez.

Gaston était un personnage haut en couleur, moitié mythe, moitié légende. Un petit bonhomme haut comme trois pommes, dont le charabia mêlait le français, le tunisien, sur fond d'accent marseillais. On comprenait un mot sur deux. Il avait créé des revues improbables qu'il vendait on ne sait comment. *La Nuit de la SNCF* était son chef-d'œuvre. On racontait qu'il avait un succès fou auprès des femmes. Moi, ce que je voyais, c'était son aplomb et sa voiture de sport.

Pérez cherchait un vendeur de réclame. Il me proposa un essai. Ça tombait bien, j'étais en congé. Le lundi, rendez-vous sur l'avenue de la République. Là où s'alignaient les plaques en cuivre des entreprises importantes de Marseille. Gaston attaquait chaque porte comme on sort d'une tranchée : sacoche plaquée sur le ventre, baratin dans toutes les langues, et, miracle, il signait des contrats. J'étais abasourdi. Puis il passa la main : « Jean-Claude, à ton tour. Tu t'occupes de *Bâtons blancs*, la revue de la mutuelle de la police. Tu te débrouilles. Mais tu me ramènes de la pub. »

Ce n'était pas la meilleure période : plein mois d'août, les patrons étaient en congé. Mais je fis le plein. En deux jours, j'avais rempli le carnet de commandes. Gaston n'en revenait pas. Moi non plus. Je venais de découvrir mon vrai talent : vendre. J'adorais ça. Déjà enfant, je refourguais les timbres de la lutte contre la tuberculose. L'école nous obligeait à les vendre. Quand les copains en vendaient un, j'en plaçais vingt. Je retrouvais cette excitation. La vente, c'était mon terrain de jeu. Pérez me lança : « Allez, je t'embauche. » Et je quittai le bleu de chauffe pour un costume acheté en solde, qui fit quatre saisons.

Pendant deux ans, je vendis des espaces publicitaires pour des revues que personne ne lisait. Peu importe. Mes revenus avaient triplé. J'avais un salaire minimum garanti, je gagnais 400 francs par mois. Si je vendais plus, c'était tout à moi, m'avait promis Pérez. Il n'en fallait pas davantage pour qu'en une demi-journée je fasse ce qu'un autre aurait fait dans la semaine. Une aubaine pour ma famille. J'apportais de quoi soulager la maison, je prenais ma place autant que j'apprenais à rêver, à voir plus grand.

Il faut savoir rêver. Se fixer des objectifs qui deviennent comme autant de moteurs pour l'action. Je me souviens que, de mes virées en stop à Saint-Tropez et aux environs, j'ai acquis la certitude qu'un jour je deviendrais le propriétaire du château de la Mole. Cette longue bâtisse de couleur claire m'était apparue au sommet d'une colline, encadrée de ses deux tourelles, tandis que je marchais sur un chemin dans le maquis. Je découvris plus tard que la propriété avait été celle de Saint-Exupéry. Je me mis en tête de l'acquérir. C'était une folie. Mais il faut parfois courir derrière des chimères. Rêver plus grand que soi, quitte à renoncer plus tard à ce projet insensé qui ne me correspondait pas, mais qui aura occupé une partie de mes pensées. Le château de la Mole, le château de Saint-Ex... Travailler pour rêver. Rêver pour travailler toujours davantage. Mais je n'étais pas totalement satisfait de ce que je faisais. Ce n'était que du bidonnage, de la parlotte, du vent.

Vint le service militaire. Je rejoignis une caserne dans la Manche pour faire mes classes. Je promis à ma fiancée de me tenir à carreau pour obtenir rapidement une perm. C'était compter sans les complications. Mon dossier était introuvable. J'avais bien ma lettre d'incorporation, mais je ne figurais dans aucun dossier. Je m'impatientais, menaçais de prendre la tangente, avant qu'un adjudant ne me demande de rejoindre le rang dans la cour intérieure de la caserne. C'est le genre de truc qui n'arrive qu'à un mec comme moi.

Le vent était glacial. J'étais au premier rang de la colonne, en civil, tandis que mes camarades avaient déjà reçu leur uniforme et s'étaient fait raser la tête. Je pris ma place. Au garde-à-vous, avec mes cheveux dans le cou, mes fringues de minot. Je tenais mon rang.

Il n'en fallut pas davantage pour que des anciens, placés aux arrêts, ne décident de se foutre de ma gueule. Mal leur en a pris. Je les rossais à la première occasion.

Je m'étais persuadé que j'allais être muté en Algérie comme la plupart des appelés. L'état-major devait en décider autrement. La guerre d'indépendance avait débuté. J'étais né à Oran. Visiblement, c'était un problème. À croire qu'on doutait de mon allégeance. La vérité s'en approchait. Depuis la révolte des vignerons en 1907, qui avait été marquée par la fraternisation du 17e régiment d'infanterie de ligne avec les manifestants, après que les soldats avaient refusé de tirer sur les mutins, qui, pour beaucoup, étaient des cousins, l'état-major avait décidé que les appelés ne feraient plus leur service dans leur département d'origine. On me laissa entendre que j'allais être affecté dans le Nord. Je ne me voyais pas passer mon service à ne rien faire d'autre que boire de la bière. Jusqu'à ce que je tombe sur un capitaine qui, je le compris, cherchait un aide de camp qui puisse être son secrétaire.

– Qu'est-ce que tu fais dans la vie ? me demanda-t-il.

Je mentis avec aplomb.

– Journaliste, mon capitaine.

– Ton nom ?

Je répondis avec la même assurance en faisant claquer mes talons.

– Zaoui, mon capitaine !

– Fais ton paquetage, tu pars avec moi à Sarrebruck.

Je fus affecté pour quatre mois en Allemagne. Et c'est là que j'ai compris la chance que j'avais. Beaucoup de jeunes de ma génération partaient en Algérie, pour n'en jamais revenir que, pour certains, dans un cercueil de toile. Moi, j'étais envoyé ailleurs. Le fruit du hasard. Un hasard, mais un hasard qui compte. Il faut savoir saisir les opportunités.

Là-bas, je me débrouillai comme toujours jusqu'à me rendre indispensable à tout le monde. Je jouais au poker, sans vraiment savoir jouer. Comme je n'ai jamais fumé et je m'en foutais de perdre, la vie est spéciale, chaque fois que je disais « tapis » ou presque, je gagnais et je faisais le plein de cartouches de cigarettes que l'armée nous donnait dans nos rations pour les envoyer à mon père. Il trouvait le moyen de rouspéter contre la mauvaise qualité du tabac.

J'étais le responsable de l'essence, du charbon. Surtout, j'étais le secrétaire du commandant de la garnison. Moi, le gamin sans diplômes, je me retrouvais à taper des notes, à gérer des dossiers, à faire tourner une administration. Les officiers me faisaient confiance, les hommes me respectaient. Je découvrais qu'au-delà de la débrouille j'avais une autorité naturelle. Je n'étais pas seulement le secrétaire du commandant. Au bout de trois semaines, j'étais quasiment le commandant. Je dépannais, suppléais l'absence de mes supérieurs. M'autorisais à peu près tout sans que personne trouve rien à redire. Je transformai le terrain de tennis en terrain de football sans que personne vienne discuter mes ordres. À tel point que l'on m'a fait faire un tampon « faisant fonction d'officier » qui n'avait rien de réglementaire, mais pour que je puisse contresigner toute la paperasse. Il était prévu que je change d'affectation au bout de quatre mois. Mon commandant se battra auprès de l'état-major pour que je reste à Sarrebruck.

Après dix-huit mois, je rentrai à Marseille. Fin de la parenthèse. Quand je revins, Pérez m'attendait. Je repris mon petit business, et je vendais toujours autant. L'argent rentrait. J'aimais bien le bonhomme. J'avais envie de suivre mon chemin. Une idée me trottait dans la tête : des « livres d'or », racontant la rétrospective de chaque club de football, de la création du club jusqu'au jour où j'arrivais, avec des photos, des commentaires, leur histoire, leurs joueurs, leurs matchs. Je le sentais : j'étais sûr que ça marcherait.

À Marseille, j'avais appris la sueur des quais, la discipline des machines, la peur domptée de la boxe, la séduction de la vente, la débrouille de la caserne. Tout cela avait forgé une certitude : je ne resterais pas simple exécutant. Je voulais forger mon propre chemin.

# II

# LE JOUEUR DE FOOT

# 1

# Justo, Kopa et moi

Comment aurais-je pu simplement l'imaginer ? Comment aurais-je pu imaginer dans mes rêves les plus fous que je puisse un jour copiner avec Just Fontaine, Raymond Kopa, Jean Vincent, etc. Tous issus du mythique Stade de Reims. Pas juste copiner d'ailleurs, mais faire les quatre cents coups avec Justo, idole de ma jeunesse, devenir son ami à la vie à la mort.

J'allais sur mes 16 ans et vivais déjà parmi mes plus grandes émotions. À Marseille, c'était l'effervescence. Il n'était pas question de me terrer chez moi et de vivre cette aventure en solitaire. De toute façon, la télé était encore un produit de luxe. À peine 10 % des foyers en étaient équipés. Autant dire que, chez les Darmon, c'était un luxe que nous ne pouvions nous offrir, sauf à faire du lèche-vitrines.

Alors, pour la Coupe du monde de 1958, je fis comme tout le monde dans le quartier : je m'asseyais par terre, à même le trottoir, devant la devanture du marchand de télé.

On se tassait, on se poussait, tous les gosses de mon âge, les petits devant, les minots sur les épaules des grands, les anciens en équilibre sur les marchepieds. On se connaissait sans se connaître. Le football faisait les présentations.

De cette Coupe du monde que je suivais pour la première fois. J'avais faim de ça. Faim de Fontaine, faim de Kopa, de Jean Vincent, etc. J'adorais Robert Jonquet. J'étais persuadé qu'en défense il était le meilleur du monde à son poste. Je hurlais leur nom. C'était ma musique à moi. Je connaissais leurs numéros, leur façon d'allonger l'appui, de tourner la tête avant de recevoir la balle, de regarder ailleurs en frappant droit. Je les avais adoptés avant de les rencontrer. Dans mon quartier, les héros rentraient par la vitre.

Les premiers matchs, on les a avalés comme on avale un pain chaud. On sortait du boulot, on filait à la vitrine, on refaisait les actions avec les mains. On apprenait le calendrier par cœur. Le matin, au port, les gars me demandaient : « À quelle heure, ce soir ? » J'avais la réponse. On se passait le mot.

En quart de finale, l'équipe de France s'était débarrassée de l'Irlande par quatre buts à rien. Just Fontaine, comme à l'entraînement, avait planté deux buts et porté son compteur à neuf réalisations. On se mettait à parler de titre et pour rien au monde je n'aurais voulu rater la demi-finale qui opposerait l'équipe d'Albert Batteux à celle du Brésil. La meilleure attaque du tournoi contre la meilleure défense. Le duel était prometteur.

On en parlait le matin, le midi, le soir. On pressentait, on savait que c'était grand. On savait aussi que le Brésil dansait sur un autre tempo que l'attaque du mythique Stade de Reims. « Y a un gamin, là, comment qu'il s'appelle… – Pelé. – 17 ans. » J'étais piqué. 17 ans ! J'avais presque son âge. Les amateurs de beau jeu s'enthousiasmaient de sa gestuelle. Déjà un extraterrestre. Moi, je n'étais encore qu'un gamin assis par terre.

Le marchand d'électro avait ajouté un haut-parleur au-dessus de la vitrine. Un bricolage de génie. L'écran muet avait une voix. Les chaises des voisins étaient sorties, deux bancs, une planche posée sur des seaux. Le trottoir s'était fait tribune. On était serrés comme dans un virage du Stade-Vélodrome. Je me suis faufilé à ma place, entre deux hommes en bleu de chauffe, dans une odeur de travail et de tabac froid. J'étais bien.

Le match a commencé comme commencent les soirs qui comptent : par un silence plus fort que le bruit. Les premières minutes, on ne respire pas. On regarde. On guette les signes. Ou plutôt on écoute. On attend. La RTF a fait le choix de ne diffuser que la seconde mi-temps.

Un contrôle de Kopa. Un appel de Fontaine. L'espoir. La douche froide après deux minutes de jeu : Vava, l'avant-centre du Brésil, marque. La France réplique quelques minutes plus tard : Kopa sur un exploit, Justo qui crochète le gardien et marque dans un angle impossible. Le Brésil concède son premier but de cette Coupe du monde en Suède. La suite ? Jonquet se blesse sur une intervention désespérée. Sur Europe 1, un commentateur évoque un coup au péroné. Une fracture ? Il essaie de tenir sa place, avant d'être contraint de sortir sans pouvoir être remplacé. À l'époque, c'est la règle. Didi, d'un tir brossé à 25 mètres des buts d'Abbes, redonne l'avantage au Brésil.

Lorsque la seconde mi-temps débute, personne n'a perdu espoir. D'autant qu'on a désormais l'image. C'est compter sans Pelé. Il danse sur le terrain. Il efface les hommes en les regardant à peine. Il glisse, frappe. Il sourit en même temps qu'il enchaîne les buts. Moi, je ne savais plus si j'avais envie de l'arrêter ou de l'applaudir. J'ai senti la ville prendre un coup au foie, et se relever. Mais Marseille ne reste jamais longtemps au sol.

Fontaine, lui, c'était l'autre vérité. Une révélation. Il ne devait de participer à cette Coupe du monde qu'au forfait de René Bliard. Ce dernier s'était blessé sérieusement à la cheville juste avant le départ de la sélection pour la Suède. Just Fontaine l'avait remplacé dans le groupe, *in extremis*. Pour notre plus grand bonheur. Une tête levée au bon moment, un pas de côté, la frappe sans fioritures. Du charbon dans la jambe droite et du feu dans les yeux. Avec Kopa, il maintenait l'espoir. Ils étaient notre miroir.

Autour de moi, les phrases partaient en rafales. « Sers-toi, minot. » « Bouge pas, tu vois ? » « C'est Penverne, ça ? » « Taisez-vous, on n'entend plus le poste ! » Le patron du café d'à côté passait un plateau d'eau fraîche pour qu'on remplisse nos verres de pastis. Personne ne payait. Personne ne comptait. Il n'y avait que le match qui comptait. La ville avait mis le même maillot.

Chaque but brésilien ouvrait une plaie. Chaque réaction française la recousait à moitié. À un moment, le transistor a crachoté, la voix s'est perdue. On n'entendait plus rien. L'écran continuait, muet. On a crié « Le son ! » comme on crie « Le cœur ! » quand on manque d'air. Le marchand de télé a trifouillé des fils, a tapoté. La voix est revenue. On a applaudi le fil électrique comme un but. C'est bête, mais c'est comme ça : on aime ce qui nous relie.

Le score a enflé : 5-2. On ne va pas refaire l'histoire. On pouvait chercher des causes, on les connaissait : un homme, Jonquet, diminué, des Français, nerveux, presque tétanisés, des génies en face. Pourtant, à la fin, je n'ai pas senti la honte. De la tristesse, oui. De la fierté, aussi. La France avait joué juste jusqu'à ce que ça casse. Elle avait tenu. Elle n'avait pas triché. Elle avait perdu, joué à dix contre onze.

Le sifflet final nous a laissés sans mouvement. Personne ne voulait partir en premier. On restait là, collés à la vitre comme à un cercueil qu'on accompagne. Puis les mains ont commencé leur travail. Les gestes parlaient. Un index dessinait le centre, une paume mimait la tête, un bras décrivait le croisé. On inventait le ralenti avec des doigts. On refaisait le match pour ne pas le laisser nous quitter trop vite.

Le store s'est bientôt relevé. La nuit était tombée. Les cafés rallumaient. Le trottoir se dépliait. Les voisins ont commencé à se séparer par grappes. On s'est promis la petite finale comme on se promet une revanche au prochain coin de rue. « On va la chercher, la troisième place, non ? » Oui. On irait la chercher. C'était important pour nous. Pas une consolation, une affirmation. Dire : on est là. On existe.

Je suis resté un peu plus longtemps, tout seul. Le vendeur balayait devant sa porte. « Allez, rentre, minot. » J'ai hoché la tête. Je savais que je reviendrais. Le lendemain. Le surlendemain. Tant qu'il resterait un match, une image, une voix.

Sur le chemin du retour, j'ai marché lentement. Les quais respiraient. Des hommes discutaient encore, assis sur des marches, cigarette au bec. Le football, ce soir-là, ne s'arrêtait pas aux frontières de l'écran. Il coulait dans les ruelles, s'accrochait aux volets, montait par les cages d'escalier.

Les jours d'après, j'ai continué mon rituel. Vitrine. Trottoir. Le corps fatigué par le boulot, l'esprit tendu vers la Suède en noir et blanc.

On a fini troisièmes. Ce soir-là, la joie avait une mesure plus simple. Pas de triomphe, pas de grandiloquence. De la reconnaissance. On s'est serré la main entre inconnus, on s'est souhaité bon courage pour le lendemain. J'ai dormi d'un bon sommeil. Justo, à défaut d'un titre de champion du monde, s'était fait un nom dans les livres d'histoire. Treize buts. Un record encore inégalé.

On m'a souvent demandé, après, ce que ça m'avait fait, 1958. La vérité ? J'ai n'ai jamais eu la prétention de jouer au foot au plus haut niveau. Je n'ai jamais caressé l'espoir de devenir professionnel. Mais j'ai compris que ce jeu-là, je pouvais le servir. Que j'étais fait pour me glisser là où il manquait une épaule, un relais, un arrangeur. Je n'avais pas les mots, à l'époque. J'avais la sensation. La langue du football m'avait adopté. Je la parlais avec l'oreille et avec les yeux, au rythme d'un transistor et au tremblement d'une image.

Je revois tout. Le store à moitié baissé. Les reflets de la rue qui s'effacent quand le soleil quitte la façade. Le bruit des talons qui passent derrière nous et s'arrêtent. Les enfants juchés sur le cadre des vélos. Les « chut ! » qui ne font taire personne. Les rires qui percent les silences lourds. Les jurons tendres. Le visage des hommes au moment où la voix annonce le but, ce petit éclat de lumière dans les yeux, même chez les plus durs. Et puis la fin, la main qui tape l'épaule du voisin, sans le connaître, comme on remercie quelqu'un d'avoir été là.

1958, pour moi, ce n'est pas un album. Ce n'est pas un palmarès. C'est un lieu. Un morceau de trottoir. Une vitrine. Un transistor. Un écran en noir et blanc. Une ville qui se serre. Des visages qui brillent. C'est là que j'ai compris ce que peut un match : faire tenir ensemble des gens qui ne se seraient jamais adressé la parole, donner à rêver. Le bonheur, la joie, la détresse parfois, par procuration : c'est ce que nous faisaient vivre ces dieux du stade, Justo, Kopa, Pelé. Je n'étais qu'un jeune homme.

Ces mecs m'impressionnaient, c'est peu de le dire. Aussi, quand Just Fontaine m'appelle en 1972, presque quinze ans plus tard, pour que je l'aide à organiser son jubilé, je tombe de ma chaise, je crois mourir lorsque je l'entends au téléphone. « J'ai besoin de toi, je fais mon jubilé. » Lui ne me connaît ni de près, ni de loin. Ce sont les dirigeants du Stade de Reims de l'époque qui lui ont soufflé mon nom. J'avais réalisé le livre d'or du stade de Reims. Il ne sait pas qui je suis, ni vraiment ce que je fais dans la vie. Ce que je sais de mon côté, c'est que Just Fontaine est l'une de mes idoles.

Trois secondes après, c'est mon ami. Il faut dire que Justo est un phénomène de drôlerie, le roi de la déconnade, toujours de bonne humeur. Et que dire de Raymond Kopa, dont j'allais faire la connaissance ?

Ces deux-là s'aimaient, mais il y avait tout de même un problème. Certes Raymond avait été Ballon d'or, il avait fait le bonheur du Stade de Reims et de l'équipe de France. Ses centres étaient comme des caviars qu'il déposait sur la semelle des attaquants. Justo, très adroit, cartonnait à chaque centre, il mettait chaque fois la balle au fond des filets. Mais si Raymond était Ballon d'or en 1958, après avoir remporté la Coupe d'Europe des clubs champions avec le Real de Madrid, Just Fontaine, avec ses treize buts, était entré dans la légende du foot. Sa notoriété était mondiale et dépassait de loin celle de Kopa.

Je me plaisais à jouer de cette jalousie qu'éprouvait Raymond Kopa pour Just Fontaine. Il n'en fallait pas beaucoup d'ailleurs à Justo pour abonder dans mon sens. Il n'avait pas son pareil pour imaginer la manière de titiller l'orgueil de Kopa. Et je me faisais le complice de ses coups pendables.

Un jour, avec Justo, je lui monte une carabistouille bidon. Je raconte à Kopa qu'un horloger me propose une opération de communication : 350 000 francs pour que l'attaque magique de 1958 porte ses montres. Just explique à Raymond que la moitié de la somme lui revient de droit en qualité de meilleur buteur de la Coupe du monde. « Quoi ? Tu te fous de ma gueule ! » Et moi de confirmer ce qui est écrit dans le contrat jusqu'à ce que Raymond Kopa parte en claquant la porte. Sa susceptibilité faisait notre bonheur.

Nous ne nous sommes plus quittés. La moindre occasion nous réunissait. En 1986, je les emmène au Mexique pour suivre le mondial. Je suis alors à la tête de Football France Promotion, la FFP. Entre deux matchs de l'équipe de France, je leur propose une petite escapade à Acapulco, histoire de voir de près la Quebrada, la fameuse falaise du haut de laquelle des types plongent pour épater les touristes et empocher des dollars. En vrais amateurs de ballon, on en profite pour organiser un petit match sur la plage, un 6 contre 6. Le tirage au sort m'avantage : Justo joue avec moi et Raymond contre nous avec d'autres anciens internationaux. Enrico Macias était de la partie. Kopa l'avait intégré à son équipe.

De notre côté, nous cherchions un sixième joueur pour compléter notre équipe. Plusieurs mecs bronzaient sur le sable chaud. L'un d'eux, allongé à côté d'une amie, semblait nous dévisager avec l'air de vouloir participer. De mémoire, c'était égypto-canadien. Je me permis de l'aborder.

« – Tu sais jouer au foot ?

– Oui, oui. – Tu veux jouer avec nous ?

– Ouais, je veux bien. » On a fait un match. Justo, quoique blessé et ne marchant que sur une jambe, plante six buts. Raymond en met quatre. Notre équipe gagne. Au moment de nous quitter, l'Égypto-Canadien, qui ignorait qui nous étions et plus encore qu'il avait joué avec d'anciennes gloires de l'équipe de France, s'avance vers Just Fontaine : « Tu aurais pu jouer au foot, toi. »

Nous étions tous morts de rire. Depuis, nous n'avons plus jamais lâché Just Fontaine. On le chambrait. « Tu sais que tu aurais pu jouer au foot, toi ? » Partout où on allait, on finissait par lui glisser à l'oreille, une main sur l'épaule : « Tu sais que tu aurais pu jouer au foot, toi ? »

## 2

# Le saigneur du dimanche

Le foot a une dimension universelle. Je l'ai pressenti dès le début, quand je n'étais pas encore en âge de verbaliser quoi que ce soit. Je le savais. Un ballon en chiffon peloté, deux cartables posés au sol, des pierres au besoin en guise de cages, et nous pouvions jouer au foot. Pas besoin de payer des inscriptions dans un club pour se dépenser. La rue, un terrain vague suffisent à remplacer une pelouse bien tondue pour des parties de foot sauvage.

Très vite, je me suis fait une raison. Je n'étais pas le plus doué, mais j'étais celui qui ne lâchait jamais rien. Un côté bourrin, oui, je le concède volontiers. Mais droit. J'aime gagner. J'aime me dépasser. Courir, traverser le terrain, me battre. Jusqu'au bout. Espérer. Croire que le cours d'un match peut s'inverser jusqu'à la dernière seconde. Et se donner les moyens d'y croire. Ça ne fait pas de moi une vedette, mais ce sont des qualités qui comptent quand le talent manque.

L'abnégation. Le dépassement de soi. Pas question de quitter une partie de foot pour un bobo. Je préfère supporter la douleur que de laisser mes potes seuls, d'autant plus que les remplacements à l'époque n'existaient pas. C'est ma façon d'être au monde : tenir.

Quand j'aime, je tiens. Quand ça fait mal, je tiens encore. « J'aime le football par-dessus tout, j'aime gagner par-dessus tout, et je supporte la douleur quand j'aime », ai-je répondu un jour au chirurgien qui s'étonnait que j'aie pu finir un match avec le bras gauche cassé et l'épaule à moitié déglinguée.

Je n'ai jamais pu imaginer sortir sur blessure. Je ne l'ai jamais fait. Même avec un orteil en compote, je me sentais bon pour le service.

J'ai débuté sérieusement le foot à L'Isle-Adam. Club, terrain râpeux, odeur de cuir mouillé. Le responsable s'appelait Monsieur Chevrier – un type formidable, un éducateur dévoué, qui régnait sur un stock de chaussures d'occasion. Des godasses assouplies par des générations avant nous : coutures fatiguées, crampons manquants, mais gratuites. Elles faisaient le job, et nous aussi.

Endosser un vrai maillot, c'était déjà une victoire. Mon poste ? Défenseur central, le plus souvent.

Quand il manquait quelqu'un dans l'équipe, l'entraîneur me glissait à l'aile gauche : je n'y brillais pas, je n'y faisais pas trop de dégâts non plus. L'important, c'était d'aider l'équipe, colmater les brèches, créer des percées.

Et puis, il y eut cette bascule : un jour, en plein match, on venait de prendre deux buts ignobles. Des buts qu'on aurait pu, qu'on aurait dû éviter. J'avais, comme on dit, les boules. J'ai traversé le terrain et j'ai dit au gardien : « File-moi ton maillot. » Il n'a pas bronché. Il me l'a tendu comme on passe un témoin avant de prendre sa place sur le terrain à un autre poste.

Son maillot à col roulé me sciait la peau – une tunique de crin –, mais il ne s'agissait pas de se plaindre, mais défendre la cage, tenter de la rendre inviolable. J'avais la rage. J'ai tenu, arrêté ce qu'il fallait, fait des parades dont je ne me croyais pas capable, sauter dans les pieds des imprudents qui s'aventuraient dans ma surface et armaient leur tir. J'ai fini titulaire dans les buts pendant deux saisons. Mais la réalité est plus cruelle. Ce furent deux années de peur. Je ne rêvais que d'une chose, c'est que le ballon n'entre jamais dans ma surface de réparation, tant je doutais de mes capacités de gardien.

J'ai vite appris à enfiler un tricot de coton sous mon maillot pour éviter de me brûler les bras. Et l'orgueil, oui, l'orgueil : après les matches, j'accompagnais ma mère faire les courses dans ma tenue de lumière. Mon maillot pouvait être maculé de boue, je n'en avais cure. Un vrai coq de basse-cour. J'étais fier de ma tenue de gardien. Je jouais partout, tout le temps, par tous les temps.

Le jeudi, après le match des minimes, je restais à portée de voix pour dépanner les cadets, parfois même les juniors. Il y avait toujours une place à prendre. Le stratagème marchait plus souvent qu'à son tour : même pas peur, j'aimais le contact, j'aimais l'effort, j'aimais enchaîner, terminer les journées épuisé, apprendre.

Je jouais « mal ». Ce n'était pas du grand football, oui, mais bon sang que j'aimais ça !

Mon corps a appris la grammaire du jeu à coups de stigmates. Doigt de pied cassé à 11-12 ans, à L'Isle-Adam : pas d'argent, pas de moyens pour me faire opérer ; j'ai gardé l'orteil tordu pendant des années. Je souffrais tant que j'ai fini par mettre un clou dans mes chaussures pour creuser une niche et laisser passer la bosse. J'ai attendu vingt ans avant de me faire rafistoler le pied. Je suis passé sur le billard du professeur Legret, à Marseille. Il m'a opéré parce que je souffrais trop, que je ne supportais plus mes chaussures, encore moins mes crampons. Je pensais que l'opération suffirait. Aujourd'hui encore, mon orteil tire la gueule.

Lorsque nous avons déménagé à Marseille, les valises n'étaient pas défaites, les meubles à peine posés, que je filais m'inscrire au Canet sports, un petit club de foot situé sur le boulevard Charles-Moretti, dans le 14e arrondissement. Un essai, un entraînement… Les éducateurs ont vite compris mon jeu : je ne suis pas le plus technique, mais j'en veux, je suis comme un morfalou sur le ballon. On finit par me donner le poste d'arrière droit ; ça me va. Je joue simple. En gros, je sais couper une course pour anéantir une attaque, surtout, je m'impose physiquement. Je suis dur sur l'homme.

Ce que je n'avais pas en technique, je le compensais en énergie, en volonté. Mais le travail sur les docks a fini par me rattraper : le dimanche, j'étais trop crevé pour enchaîner les matches du Canet. La mort dans l'âme, j'ai renoncé au club, à la compétition. Mais je n'ai jamais vraiment raccroché les crampons. C'était impossible. Inimaginable. Dès que je le pouvais, je tapais dans la balle avec des copains. J'étais comme un gosse. Retour à la case départ.

Ma passion était intacte. Je lisais *L'Équipe* pour l'entretenir. J'apprenais par cœur certains articles de Robert Vergne, Max Urbini, Jacques Ferrand. J'épatais les dockers avec des récits écrits par d'autres, rendus à ma façon, phrases courtes, gestes dessinés dans l'air. Ça faisait rire. Ça nous tenait.

Le foot, l'OM, c'est l'âme de Marseille. Le samedi soir, la ville ressemble à un immense vestiaire pris de fièvre et de tremblements. Il m'arrivait d'aller au Vélodrome. Quand je n'arrivais pas à resquiller, j'attendais la seconde mi-temps, que le club ouvre gratuitement les portes. On entrait en courant, déjà repus des bruits du dehors, prêts pour quarante-cinq minutes de spectacle. Je me calais dans un virage. Debout, à perdre voix. En bas, sur le terrain, Jean Djorkaeff, Roger Magnusson, Josip Skoblar assuraient le spectacle : dribbles de soie, frappes sèches, filets qui claquent.

Ma place, je le savais, n'était pas sur le terrain. Je ne m'étais jamais fait aucune illusion. Mais le foot est une passion dévorante. Dès qu'un ballon traînait, je répondais présent. Un cinq contre cinq sur un terrain vague, une opposition à la pause déj, un match improvisé derrière un hangar, entre deux colonnes de containers ou sur un petit terrain de quartier, la pelouse mitée : j'étais partant. Le plaisir pur d'un contrôle propre, d'un tacle net qui coupe l'angle sans casser la jambe, d'une tête au premier poteau sur un centre fuyant. Quelques minutes de bonheur grapillées sur le temps de boulot.

Le dimanche, je regardais les pros.

Mais je connaissais la suite. Je voulais pouvoir concilier ma vie professionnelle avec le foot pour fouler à nouveau le gazon. Le foot, c'était déjà 50 % de la vie, mais je voulais que cette passion l'occupe tout entière. Bien sûr, mon rêve secret aurait été d'être Pelé. Mais je n'avais pas les dispositions pour l'être, même si j'aurais adoré dire le contraire. Mais j'avais d'autres qualités.

3

# Livres d'or

C'est sûr, je n'étais pas Raymond Kopa. Je ne serais jamais Just Fontaine. Je n'en ai jamais eu la prétention. Mais j'ai cherché une autre porte dérobée pour me faire une place sur la pelouse. Il y avait de grandes chances que j'échoue. Je ne partais de rien ou de pas de chose, mais j'avais les crocs.

L'affaire n'était pas gagnée. J'avais depuis quelque temps l'idée de quitter Pérez pour me mettre à mon compte. Je commençais à y voir plus clair. Pourquoi ne pas se lancer dans la production de livres d'or ? Une collection qui raconterait l'histoire des clubs de foot : le palmarès, les joueurs, les matches, les trophées. À chaque club, son encyclopédie.

C'était mon passe pour faire partie de la famille. À ma place. Avec ce projet, je n'exigeais rien, mais j'obtenais l'essentiel : entrer. Traverser un couloir, m'asseoir au bord d'une pelouse, écouter sans prendre toute la place. L'idée était simple. Élémentaire. Je m'étonnais même que personne ne l'ait pas industrialisée avant moi.

Je m'en étais ouvert à Gilbert.

Gilbert était un copain d'enfance. Sa famille et la mienne partageaient le même petit immeuble, rue de Wagram à Oran : lui au-dessous, nous au-dessus. Nous étions inséparables. Jusqu'à ce qu'on quitte l'Algérie pour L'Isle-Adam. Il était resté au pays. Je m'étais fait une raison : on s'était perdus de vue pour toujours… Je le retrouvai pourtant à Marseille. Presque par hasard. Il était devenu vaguement photographe, travaillait dans une petite boutique sur le Vieux-Port. Il possédait une Vespa qui ronronnait comme un chat sûr de lui, et – luxe absolu – un téléphone chez lui, un vrai combiné en bakélite noire, avec son propre numéro. À l'époque, c'était un exploit. Il avait sa ligne. Je lui ai proposé de s'associer, de travailler avec moi.

C'est ainsi qu'en mai 1968, pendant que d'autres construisaient des barricades, nous montions la Société d'édition et de promotion, la SEP. L'entreprise était modeste : elle tenait sur un coin de table qui sentait la colle, avec quelques photos éparpillées sur le billard, un carnet d'adresses épais comme une feuille de papier buvard, et la sonnerie de Gilbert qui faisait office de standard. Gilbert, qui avait déjà pris l'habitude de me dépanner lorsque j'étais commercial pour Pérez, me conduisait à califourchon sur sa Vespa à mes rendez-vous. Quand il n'était pas dispo, je partais en stop, chemise pliée dans un sac, cravate au cas où. J'arrivais trop tôt, j'arrivais trop tard, j'arrivais quand j'arrivais. On me déposait à la sortie d'une nationale, je marchais le dernier kilomètre, je négociais avec le gardien, qui, à force d'insister, m'ouvrait les portes du club. La patience devient un muscle.

Au début, j'ai tourné autour du foot comme on tourne autour d'une flamme. Je ne voulais pas me brûler. Je ne voulais pas ruiner mes chances auprès des clubs professionnels avec une idée et un concept encore un rien expérimentaux.

Pour me roder, plutôt que le foot, j'attaquai le marché du rugby. Je suis parti en tournée dans le Sud-Ouest dans l'espoir de décrocher mes premiers contrats et me faire la main.

Cette entrée en matière m'a permis d'éprouver mon argumentaire, de me mettre à la bonne distance : assez près pour comprendre un vestiaire et l'esprit de ses dirigeants, assez loin pour ne pas se croire chez soi. J'ai appris en écoutant ceux qui savent, en regardant les mains calleuses de ces gaillards qui déplaçaient des montagnes de muscles, n'hésitaient pas à se faire mal pour une hypothétique victoire conquise dans la boue sous le regard de centaines de supporters fidèles qui ne craignaient ni le froid ni la grêle, pourvu que la troisième mi-temps soit belle. Je rentrais tard le soir, après d'improbables détours, avec une idée toujours un peu plus claire de ce que je voulais faire.

Cela me faisait à peine vivre, me coûtait une énergie folle, mais je constatais tout le potentiel de cette idée, simple comme un souvenir. Il était temps de passer à la vitesse supérieure… de m'attaquer à plus gros.

À commencer par le RCT. Né à l'aube du XX^e^ siècle, de la fusion de l'Étoile sportive toulonnaise avec le Racing Club et le Sporting Club, le Rugby Club toulonnais s'est imposé très tôt comme la place forte du Midi rugbystique. Il avait déjà une belle histoire, ponctuée d'un premier titre en 1931 et d'une finale perdue face à Lourdes en 1968. On y pratiquait un rugby âpre, rugueux, généreux, porté par des joueurs charismatiques : André Herrero, capitaine du club et âme du pack, et ses frères Bernard et Daniel, accompagnés de Christian Carrère, un troisième ligne puissant, capitaine du XV de France qui venait de remporter le Grand Chelem. Le club était craint pour sa mêlée, respecté pour ses hommes.

Après être parvenu à décrocher un rendez-vous avec les dirigeants du club, je débarquai avec la pré-maquette de ce qui pourrait être le livre d'or du club. J'avançais un argument massue. La revue ne coûterait rien au club. Je m'occupais de tout, pour peu qu'on me donne accès aux archives du RCT, que je puisse utiliser des photographies originales, des fanions. Je payai même un journaliste pour faire parler les anciens, raconter l'épopée du club, les grandes soirées de Mayol, ce stade unique, au cœur de la ville, à quelques encablures de la rade. En échange, je m'engageais à leur livrer gratuitement 1 000 exemplaires imprimés. De mon côté, je fis ce que j'ai appris à faire auprès de Pérez. Je démarchai les entreprises de la ville pour qu'elles prennent de la publicité. En quelques semaines, l'affaire était bouclée. J'avais travaillé sans m'économiser, mais le résultat était à la hauteur des espérances du club.

La sortie s'est faite en grande pompe. Réception à la mairie. Discours du maire. Vin d'honneur et petits fours. Tout ce qu'il y a de plus officiel. Les dirigeants du RCT sont aux anges, le public conquis. Avec sa couverture rouge frappée du blason du club, un brin de muguet, ultime hommage à leur mécène, le chanteur Félix Mayal, mon livre d'or avait fière allure. Ce n'était pas qu'un album : c'était un sésame. La permission de rester. Revenir au stade sans carte de visite, appeler sans qu'on me fasse patienter des heures avant d'avoir le patron. C'était surtout un sésame pour aller frapper aux portes d'autres clubs. Ceux de Narbonne, d'Agen, de Béziers, de Clermont-Ferrand. Les contrats s'accumulaient. On vivait encore chichement, mais mes finances me permettaient de louer des petits bureaux au dernier étage d'un immeuble de la rue Saint-Ferréol, en plein cœur de Marseille.

Je me sentais désormais prêt à m'attaquer au football. L'évidence aurait commandé que je frappe aux portes de l'OM. Mais il faut savoir grandir sans brûler les étapes. Cap à l'ouest, donc. Je me suis mis en tête de démarcher d'abord le FC Nantes. Le Football Club de Nantes, à l'époque, est l'équipe la plus séduisante. Le « jeu à la nantaise » s'impose comme un style, une école du beau jeu, rapide, à une touche de balle. Aussi, je décide d'y aller au culot, fort de mon expérience dans le rugby. Les dirigeants m'ont accordé un rendez-vous.

Je fais le voyage en train depuis Marseille, avec des livres d'or sous le bras. Cela me laisse le temps de ruminer mon argumentaire. Dans un petit bureau attenant aux vestiaires, Louis Fonteneau, le président du club, son adjoint Sylvain Ichoua et Robert Budzynski, le nouveau directeur sportif, m'attendent. Je leur sors le grand jeu : j'explique, je raconte, je m'enthousiasme. En bref ? Je fais du Darmon.

Je vois l'œil de Robert Budzynski qui frétille. Je sais que j'ai fait mouche. Ça tombe bien, l'homme compte. Ses avis sont écoutés. Et pour cause, Bud a fait les belles heures du FC Nantes. Pendant six ans, il a porté le maillot du club, champion de France deux fois avec les Canaris, sélectionné onze fois en équipe de France. S'il n'avait subi une double fracture au tibia-péroné, il jouerait probablement encore. Depuis sa retraite des terrains, il s'occupe de créer un embryon de centre de formation avec Jean-Claude Suaudeau pour enseigner le jeu à la nantaise. Mes arguments portant.

Ce contrat achève de me faire revenir au foot. Je ne l'avais jamais vraiment quitté, mais il me faut superviser l'avancement du projet. Je multiplie les allers et retours entre Marseille et Nantes. En train parfois, le plus souvent en stop parce que les sous me manquent. Je sais quand je pars. Quant à mon heure d'arrivée, elle est plus aléatoire. J'en ai parfois des crampes au pouce. À force, je connais la moindre nationale. Mais je finis toujours par arriver après mille détours.

Sur place, j'en profite pour assister dans la grisaille, aux échauffements des joueurs, à leurs entraînements. Je fais partie des meubles. Je fais partie du club. Mieux, je chausse parfois mes crampons pour taper la balle avec les pros. Je suis dans l'opposition face aux titulaires. J'assiste aux mises en place. À force, le bourrin que j'étais s'améliore.

# III

# L'ARGENTIER

1

# L'ombre Madoff

Combien d'hommes et de femmes ont cédé à l'illusion de l'argent facile ? L'appât du gain, la promesse de rendements impossibles, la croyance naïve que l'on peut forcer le destin en accélérant le rythme d'une fortune. Ces mirages ont englouti des milliers de vies, des familles, des institutions entières. Moi aussi, un jour, j'ai vu passer cette tentation, comme une étoile filante que d'autres ont cru attraper.

Nous sommes au tournant des années 2000. À ce moment-là, je suis à la tête de la première société européenne de marketing sportif. J'ai bâti un empire à partir de presque rien, en commençant par les panneaux publicitaires des stades. Je gère les droits télévisés, les contrats publicitaires, les grands partenariats qui font vivre les clubs. Je suis devenu l'interlocuteur incontournable des présidents, des sponsors et des diffuseurs. Bref, j'ai déjà fait fortune, mais je continue de travailler comme si rien n'était jamais acquis.

C'est alors que je reçois plusieurs appels pressants de Philippe Junot.

L'ex-mari de Caroline de Monaco est un charmeur mondain, toujours tiré à quatre épingles, toujours à l'aise dans les cercles de la haute société. Il travaille pour une société américaine, l'Access International Advisors LLC, qui a une succursale à Paris qui l'a débauché pour son épais carnet d'adresses. Philippe Junot vit dans ce monde qui se nourrit de faste et d'apparences, où l'on aime briller et séduire. Il sait convaincre, il sait insister, il a l'art de vous faire croire que ce qu'il apporte est unique.

Cette fois, il insiste pour obtenir un rendez-vous en urgence, car il a une affaire mirobolante à me proposer. Je finis par accepter de le recevoir. Junot arrive, sourire conquérant, costume impeccable. Il me parle avec l'assurance de ceux qui connaissent les codes du pouvoir. Son idée ? Investir chez Bernard Madoff. Ancien patron du Nasdaq, figure respectée de Wall Street, présenté comme un génie des placements. Dans le monde de la finance, son nom inspire confiance.

Junot déroule son argumentaire avec une aisance presque théâtrale. Il m'annonce des rendements de 17 à 19 %. Peut-être plus. Je tombe des nues, interloqué. À l'époque, mes banques me garantissent au mieux 6 ou 7 % pour mes placements. Comment croire à pareil miracle ? Il me conseille de vérifier auprès de ceux qui ont déjà franchi le pas. Je le fais. Je consulte

Alain Afflelou, qui est l'un de mes amis. J'appelle aussi Daniel Hechter, qui compte parmi ses clients. Tous deux me confirment qu'ils ont placé quelques fonds chez Madoff. Tous deux me disent que, oui, les chiffres sont conformes aux promesses.

L'affaire est séduisante. Trop séduisante. Junot a les mots qu'il faut, l'assurance tranquille, la séduction d'un homme sûr de son coup. Mais, au fond de moi, quelque chose résiste. Je prends le temps de la réflexion. Je pèse le pour et le contre. Je me demande ce qui peut justifier un tel écart entre les rendements de nos banques et cette rentabilité extravagante. Et la petite voix en moi répète : « La mariée est trop belle. »

J'ai trop peiné pour bâtir ma fortune. J'ai trop respecté l'argent que je gagnais pour le risquer comme on joue à la roulette russe. J'ai toujours géré mes affaires en bon père de famille. Alors, malgré la tentation, malgré les amis déjà engagés, malgré la belle assurance de Junot, je décline sa proposition plutôt que de faire tapis comme au poker sur un coup de bluff.

Quelques années plus tard, en décembre 2008, le scandale éclate. Bernard Madoff est arrêté par le FBI. Son système n'était qu'une gigantesque pyramide de Ponzi. Près de 65 milliards de dollars évaporés. Des milliers d'épargnants ruinés, des familles dévastées, des banques et des fondations emportées par la tempête. Pour beaucoup, ce fut une révélation brutale. Une colère profonde. Le sentiment d'avoir été abusés,

abusés par l'argent facile, l'appât du gain à portée de main, abusés par eux-mêmes. Pour moi, ce fut surtout la confirmation d'une intuition.

Je n'avais pas eu besoin d'attendre que la vérité éclate pour savoir que cette promesse n'était qu'un mirage. Mon instinct m'avait protégé, mais aussi une philosophie forgée dans ma chair : on ne bâtit rien de solide sur l'illusion. Mon histoire familiale n'est pas pour rien dans cette prudence élémentaire. Chat échaudé craint l'eau froide : je suis un fils Zaoui. Quand Madoff tombe, j'ai déjà fait ma fortune. Elle n'est pas née d'un coup de dés, mais d'années de travail, de calcul, de relations patiemment construites.

Ce refus n'était pas un hasard. C'était la suite logique d'un parcours. J'ai toujours pensé que la réussite, comme la vie, ne se joue pas sur un coup de poker. On gagne dans la durée. On consolide pas à pas, on se protège des mirages. J'ai vu tant d'hommes se brûler les ailes à courir après l'argent pour l'argent. Moi, j'ai cherché à bâtir. À durer. À inscrire mon travail dans le temps. À me faire reconnaître pour mes talents.

Voilà ce que dit cette histoire. Elle illustre mieux que n'importe quel chiffre ou contrat ce que j'ai été comme entrepreneur. Pas l'homme des illusions, mais celui des relations solides. Pas l'aventurier du hasard, mais l'artisan d'une construction patiente. Cette histoire reflète le sens de ma vie.

Rien ne fut simple. Rien ne fut donné. Sinon des éclairs d'opportunité que je me suis empressé de saisir comme la balle au bond.

C'est ce qui s'est passé un soir, des années plus tôt, sur un stade désert, après un entraînement nocturne du FC Nantes. Robert Budzynski m'avait donné rendez-vous sur le bord du terrain. C'était d'une tristesse infinie : le crachin, la grisaille, tout semblait plombé. Ça manquait de lumière, de couleurs. Même les joueurs étaient gris. À croire qu'ils étaient à la mine en train de casser des cailloux.

Le dernier joueur venait de quitter la pelouse pour rejoindre les vestiaires. Il n'y avait plus que Robert Budzynski qui s'attardait encore avec moi. Sous le crachin, je lui ai glissé une question presque innocente : « Dis-moi, Robert, les panneaux, là-bas, c'est tout ce que vous avez comme publicité ? Le FC Nantes mérite mieux. »

Intrigué, il m'écouta. Je lui confiai mon intuition : il devait être possible de vendre une plus grande présence sur le stade. Cela pourrait générer des revenus pour un club qui vivait chichement, comme tous les clubs à l'époque, de la billetterie et de la subvention municipale.

Je n'avais aucune certitude, aucune garantie. Je tâtonnais. J'avançais à l'instinct, convaincu pourtant que ce que j'avais entrepris à ma petite échelle avec les livres d'or, je pouvais le décliner auprès des annonceurs sur les travées des stades. Mais j'étais intimement persuadé que l'argent, s'il était bien pensé, pouvait transformer la vie des clubs.

Ce soir-là, dans le silence du stade que l'on venait d'éteindre, je pressentais que quelque chose pouvait commencer.

## 2

# Sous les panneaux, la pelouse

C'est peut-être la meilleure publicité qui puisse être faite de mon travail, le meilleur argumentaire de vente. Après ce but, je peux presque dormir tranquille. Si quelqu'un se demande ce que j'ai apporté au foot, il n'a qu'à regarder France-Brésil.

C'était un mardi, le 3 juin 1997, au stade Gerland de Lyon. La France accueille le Brésil pour son premier match du Tournoi de France, sorte de mini-Coupe du monde avant la grande de 1998. Je vous passe les détails, la composition. Là n'est pas l'essentiel. Tout se joue à la 22e minute. Romário est découpé par Didier Deschamps. La Seleção obtient un coup franc à 35 mètres dans l'axe du but de Fabien Barthez. Il est 21 h 07…

L'action dure trois secondes, pas plus. Roberto Carlos pose le ballon, recule, encore, encore, dans l'axe de Barthez. Il s'élance. Extérieur du pied gauche, la balle part très loin à droite. On croit qu'elle s'égare, puis soudain elle revient, comme aimantée par le but. La courbe est impossible, une gifle aux lois de la physique. Barthez, les bras écartés, reste planté sur sa ligne. Le ballon rentre. Jean-Michel Larqué, qui commente le match avec Thierry Roland, en perd son français et parle alors d'« un but sensationnel d'une frappe somptueuse qui contourne le ballon » au lieu du mur.

Au même instant, les caméras du monde entier fixent le filet, les spectateurs se lèvent, et deux mots s'impriment dans la mémoire collective : EDS, une société de service informatique créée par un milliardaire américain, Ross Perot, et la Poste. Deux panneaux qui n'avaient rien demandé, mais que le génie d'un joueur propulse à la une de la planète foot, avant que les ralentis ne décortiquent la trajectoire invraisemblable du ballon et ne fassent encore mieux ressortir le nom des marques derrière le but de Fabien Barthez et ne les impriment à jamais dans la mémoire collective.

Ce soir-là, le monde entier a retenu la banane de Roberto Carlos. Les journalistes ont immédiatement qualifié ce but de « coup franc du siècle ». Le ballon, flashé à 137 km/h, s'était fracassé dans la lucarne droite du but de Barthez. Moi, j'ai pensé : « Voilà ce que j'ai construit. » Nul publicitaire n'aurait pu imaginer une campagne plus forte, plus gratuite, plus universelle. Un coup franc transformé en spot mondial pour la Poste et EDS, donc, mais aussi un spot en mondovision pour mettre en valeur mon propre travail. C'est exactement le sens de mon métier : placer la marque au bon endroit, là où va l'œil, là où va le jeu, valoriser ces espaces comme l'avenue Montaigne au Monopoly. Au prix fort.

Roberto Carlos, lui-même, interrogé à l'envi sur ce but stratosphérique, participera à la promotion de mon métier. « Je me souviendrai toujours du panneau publicitaire sur le côté, derrière le but français. J'ai visé le A de la Poste, mais quand j'ai shooté, le ballon s'en était sacrément éloigné ! », confiera-t-il un jour, avant que le vent qui s'engouffrait par la droite du stade Gerland ne ramène la balle au paradis des buteurs.

On aime le football pour ce genre unique d'émotions, pour ces héros d'un soir ou d'une vie, pour ces moments de grâce ; mais il vit grâce à ce qu'on montre autour, grâce à ces panneaux que j'ai imposés, parfois contre tous. Mais pour en arriver à ce miracle de visibilité qui fera le bonheur des clubs, des télés, des marques et des publicitaires, il a fallu partir de rien. Il faut revenir à Nantes, à Marcel-Saupin, à mes débuts. Un stade vétuste qui sentait la pluie, des tribunes sommaires où la presse travaillait sur deux pupitres en bois. Et surtout, dans un coin, trois pauvres panneaux de publicité se battaient en duel. Trois panneaux en ferraille archi-moches, aussi noirs que le temps ! Il fallait de la couleur.

Moi qui venais de vendre des dizaines d'encarts pour financer le livre d'or du FC Nantes, je n'en croyais pas mes yeux. Des milliers de spectateurs, une équipe qui paradait au sommet du classement du championnat de France, brillait en coupe d'Europe, des photographies publiées partout, et pas une entreprise pour se disputer cet espace. Le football dormait sur une mine d'or et n'en savait rien.

Lorsque j'ai confié à Budzynski mon idée, j'ai compris que je m'étais fait un allié. Si ça ne tenait qu'à lui, il aurait signé le contrat sans sourciller. Mais il fallait encore l'aval des patrons. Les patrons ? C'étaient Louis Fonteneau, le président du club, cravate impeccable et vestes anglaises, qui parlait peu d'argent. Sylvain Ichoua, son vice-président, commerçant séphararde de la rue Crébillon, qui payait de sa poche quand la caisse grinçait. Et Claude Simonet, méfiant comme pas deux. Il me voyait comme un baratineur pied-noir débarqué sans codes, un Méridional parvenu à la gouaille insupportable, un marchand qui vendrait du sable à des Bédouins.

Je n'étais pas de leur monde. Ils avaient vite fait de me cataloguer, de me mettre une étiquette pour l'éternité. Certes, je leur avais déjà vendu mon livre d'or. Et ils avaient fait leurs comptes. L'affaire était profitable. Mais, là, le développement des panneaux publicitaires sur le bord du terrain... Il ne fallait pas charrier. Je débarquais chez eux comme un éléphant dans un magasin de porcelaine. Je parlais fric à des notables qui n'aiment pas qu'on en parle. Et pourtant, ils ont fini par m'écouter. Ils m'ont fait confiance. J'avais leur feu vert et le trouillomètre à zéro. Car c'est bien de vendre une idée, encore faut-il qu'elle se réalise. Ma plus grande frayeur était de passer pour un imposteur. Ce n'est pas la peine de se la jouer James Bond et de n'avoir rien dans le ventre.

J'ai commencé avec Publisport, la société qui gérait déjà la pub. Je remplis les espaces, je signe, je place. Mais je m'aperçois vite que je fais la fortune des autres. Alors j'ai poussé la porte de la mairie, j'ai rencontré Monsieur Lebreton. Je lui ai expliqué que la régie devait revenir au club, pas à une société extérieure. Je plaidais pour Nantes, pas pour moi. Le maire m'a écouté. Mieux, il m'a donné sa bénédiction. À la fin du contrat, la concession du stade est passée au FC Nantes. Voilà le point de bascule : le club, et bientôt moi avec lui, deviendra propriétaire de ses revenus publicitaires. J'encaisserai ma part.

À partir de là, Saupin devient mon laboratoire. Je prends le micro en début de match : « Bonjour, cher public, les ballons sont offerts par Leclerc ! » Personne ne faisait ça. Je deviens speaker, j'improvise, je chauffe le public, je mets de la musique. J'installe des buvettes dehors, en recrutant des supporters que je déclare et que je paye. J'organise des lancers de ballons siglés par le sponsor. Il fallait faire du football une fête, un spectacle. Sur le terrain, dans les tribunes. Partout. Je propose de la publicité sur les maillots, mais là où la Ligue nationale de football et la Fédération avaient signé un contrat avec Vittel, provoquant un tollé dans tous les clubs des grandes régions viticoles qui n'imaginaient pas jouer pour une marque d'eau minérale, j'opte pour une stratégie des petits pas. Je commence local.

On me rit au nez. Alors je convaincs Crozatier, un magasin de meubles haut de gamme qui a le vent en poupe, de tenter un match, juste un. Le lendemain, les journaux publient les photos, le nom saute aux yeux. Le contrat revient, et il grandit. Après les maillots, les chaussures. Il faut se souvenir qu'à l'époque c'est la débrouille. Les joueurs s'achètent leurs propres godasses, les clubs n'imaginent même pas de faire payer un équipementier, pas plus que les équipementiers n'imaginent devoir payer pour qu'une équipe pro joue avec leurs crampons. Je le fais. Je signe Adidas.

Les affaires vont bon train et m'obligent à prendre un local. Je m'installe en face de la prison. Je m'en sers de bureau lorsque je suis en ville et de boutique permanente du club. Une jeune fille y vend les maillots de l'équipe et tous les objets aux couleurs du club, ce que personne n'a encore jamais fait, à l'exception de l'AS Nancy.

J'avais promis 250 000 francs la première année au président du FC Nantes. Fonteneau en a touché 500 000. Le double. Ce jour-là, j'ai su que mon intuition était juste : le football pouvait générer de l'argent autrement que par la billetterie.

Tout ne réussit pas. J'ai voulu faire descendre un ballon par parachute ; il a fini dans l'Erdre, ce petit affluent de la Loire qui passe juste derrière le stade. J'ai loué un laser pour projeter des pubs dans les nuages ; le ciel était trop clair. J'ai installé le premier panneau électronique pour donner le score en direct ; il a pris l'eau le jour du match.

Chaque succès me donnait confiance. Chaque échec me vaccinait, encore que je ne désespérais pas de fiabiliser davantage les systèmes que mes équipes imaginaient. Mais j'avais toujours, ancrée au plus profond de moi-même, la même certitude : il fallait avancer par petits pas, convaincre par la preuve, montrer que ça marchait localement, avant de vendre plus grand. Partout. Nantes m'a tout appris : la patience, l'audace, et le goût de transformer la pluie en recettes.

Je n'étais pas encore un entrepreneur reconnu. J'étais un colporteur de panneaux, un inventeur d'ambiances, un gars qui traînait ses idées dans une vieille voiture. Les joueurs, à la vérité, ne pigeaient rien de mon rôle dans le club. Ils me voyaient partout omniprésent, sans trop savoir la place que j'occupais dans l'organigramme.

Ma carte de visite, c'était encore et toujours les livres d'or. J'arrivais avec mes bouquins sous le bras, parfois après des trajets improbables. J'avais des allures de flambeur de la Côte, mais la réalité était moins envieuse. Je marchais le plus souvent à l'économie pour préserver mes marges et ne pas mettre en péril ma trésorerie. Je faisais donc souvent du stop, je débarquais cinq minutes avant la cérémonie, et je souriais comme si de rien n'était.

À Reims, ce soir-là, Jean Taittinger m'a attendu dans le grand salon de l'hôtel de ville. Le maire, futur ministre de Pompidou, la municipalité, le président du club Henri Germain, les joueurs, la presse… tout le monde était là. Tout le monde, sauf moi. Je suis arrivé au dernier moment, en sueur, les cartons dans les bras. Ça passe. Le livre d'or sort de l'ombre, et le club encaisse de l'argent.

Henri Germain, le patron du champagne, était un humaniste, autoritaire mais proche de ses joueurs. Lui, il comprenait. Il comprenait que, derrière mes façons un peu brutes, il y avait une idée simple : le football devait apprendre à se financer autrement que par de généreux mécènes. Pour autant, n'allez pas croire que l'affaire se concluait sur ma belle gueule. Il fallait convaincre, expliquer. Henri Germain, comme les autres d'ailleurs, ne comprenait rien aux panneaux publicitaires que je lui proposais pour ceinturer son stade. C'était du chinois pour lui. Mais je savais y faire. J'avais la vente dans le sang, j'avais appris à percer les personnalités des dirigeants que je croisais. Avec Germain, on a fini par signer. Le prestigieux club de Reims m'ouvrait ses panneaux, comme Nantes. Et bientôt Sochaux, Nîmes. À chaque fois, c'était la même mécanique : le livre d'or séduit, l'argent tombe, alors je propose plus. Et les dirigeants tombaient dans le panneau sans jamais avoir à s'en plaindre. Je m'imposais, un brin envahissant, avec ma gouaille de Méridional, mais au final tout le monde était gagnant.

Je tentais de répéter à Sochaux le coup du ballon parachuté. Mauvaise pioche. Un des champions du monde, chargé de l'opération, rate la cible et traverse la verrière d'un atelier Peugeot. Heureusement, il s'en sort indemne. À Nîmes, j'installe un panneau électronique fabriqué localement. Plus rustique, plus solide : il fonctionne. J'apprends de mes erreurs, je les transforme en progrès. Mon obsession, c'est de prouver que ça marche, d'un club à l'autre.

Petit à petit, mon écurie s'élargit. Lyon, Nice, Monaco, Bordeaux, Montpellier… Les présidents parlent entre eux. Ils voient que je tiens parole. Ils savent que je respecte mes engagements. Ils comprennent que je ne leur vends pas de la fumée, mais du concret : des panneaux, des maillots, des recettes.

Et puis arrivent mes premiers gros clients nationaux. L'UAP, Sport 2000, et surtout le fabricant de chaussettes Kindy. Je décroche un rendez-vous à Beauvais, au siège du groupe. Jean-Yves Bloquert, cravate jaune à motif, costume large, et chaussettes à losanges posées sur son bureau, m'écoute, méfiant, vigilant comme tous les patrons de PME qui comptent chaque sou. Il investit déjà 3 % de son chiffre d'affaires dans la publicité, mais se montre encore réticent. Je sors mes arguments, j'explique la popularité du football, je parle des photos publiées le lendemain dans la presse. Un match, un seul, juste pour voir. Il accepte l'idée des panneaux publicitaires.

Le lendemain, il reçoit des appels : « On a vu Kindy au stade ! » Il me rappelle. L'essai est concluant. Il devient client, mais à sa manière. Toujours au coup par coup. Un match, puis un autre, jamais plus. À chaque fois, il négocie, il saigne les prix, il me fait transpirer. Mais il revient. Et c'est ce qui compte. Il adopte la même prudence quand il en vient à accepter que sa marque figure sur un maillot. Pour un match. Puis un autre. Jamais plus. C'est à ces conditions qu'il accepte de sponsoriser un club.

Au fil du temps, Kindy devient l'un de mes plus gros budgets. Dix millions de francs annuels. Une somme colossale à l'époque. Et Bloquert, de client méfiant, est devenu un ami. J'ai toujours respecté ce genre d'homme : pas un flambeur, pas un joueur, mais quelqu'un qui teste, qui vérifie, qui exige. C'est comme ça qu'on bâtit la confiance.

En moins de cinq ans, à force de voyages en voiture, en train, en stop, avec mes cartons de livres d'or, mes idées bricolées, mes ratés spectaculaires et mes coups de génie improvisés, le petit courtier que personne ne prenait au sérieux s'est fait un nom. Et le football français, sans le savoir, commence à basculer dans une nouvelle ère.

Encore fallait-il un petit coup de pouce du destin pour qu'à mon tour je change de dimension.

Il y a des rencontres qui comptent plus que d'autres. Celle de Jean Sadoul a changé ma vie. C'était en septembre 1971. J'avais rendez-vous avec le FC Nantes pour un déplacement européen en Norvège.

Je monte à Orly, direction l'aérogare ouest, flambant neuf et désert. Je suis en avance, comme toujours. Et dans la salle d'embarquement, un homme lit son journal, manteau vert, silhouette massive, mâchoire de boxeur. Il est seul. Je le reconnais aussitôt : c'est Jean Sadoul, le patron du groupement des clubs professionnels.

Je n'ai jamais eu peur d'aller vers les autres. Je m'approche, je tends la main : « Bonjour Monsieur Sadoul, je m'appelle Jean-Claude Darmon... » Il relève les yeux : « Si, si, je te connais. J'ai entendu parler de toi. Je n'aime pas ce que tu fais. » L'accent n'y fait rien.

Pas vraiment chaleureux, le bonhomme. En vérité, j'incarne ce qu'il déteste : l'argent dans le sport.

Sadoul est un homme austère, d'une autre génération. Petit-fils de berger cévenol, il a grandi dans le respect du travail. Il est de ces grands dirigeants bénévoles qui consacrent leur vie à une cause. La sienne, c'est le football français, avec une devise : servir, ne pas se servir.

Si le ton est sec et peu amène, il ne m'éconduit pas. Je sens une porte entrouverte. Alors je me lance. Je lui raconte Nantes, mes panneaux, mes idées, ce que j'ai déjà fait, ce que je veux faire. Il écoute, impassible. L'avion décolle, on atterrit à Nantes, puis on repart avec les joueurs pour Oslo. Je m'arrange pour m'asseoir près de lui. Je reprends mon argumentaire, je parle sans relâche. Je veux qu'il me comprenne.

C'est entendu, il n'aime pas l'argent, mais Jean Sadoul sait que les clubs en manquent cruellement. Le temps est aux vaches maigres. L'équipe de France est au creux de la vague et ne draine plus les foules. Les clubs ne vont guère mieux. Il a vu disparaître des équipes entières faute de financement. Et pas des moindres : le Stade français, entre autres clubs historiques. Alors il m'observe. Il se renseigne auprès des dirigeants du FC Nantes. Et nous nous recroisons parfois après cette victoire arrachée par le FC Nantes.

À Nîmes notamment, où l'ancien huissier d'Alès vient souvent en voisin. Il constate de ses yeux ce que j'apporte au club : des panneaux, des sponsors, des recettes. Et un jour, il m'appelle : « Jean-Claude, j'ai une mission pour toi. » C'est modeste, un contrat à renégocier avec une petite société qui fabrique sous licence du groupement des clubs professionnels des jeux de foot. Mais j'y vais. Je saisis ma chance sans faire la fine bouche. Je fais le boulot, j'obtiens une augmentation de la redevance.

À partir de là, il me fait confiance. Sa confiance, c'est de l'or. Il m'introduit dans les couloirs de ce qui deviendra la Ligue de football professionnel. Il me laisse assister aux conseils d'administration. Je n'ai pas le droit de vote, mais j'apprends, j'observe, discute pendant des heures avec Jacques Thébaut, son bras droit, et Régis Pukan, son adjoint. On refait le monde, on imagine le foot de demain. Je me familiarise avec cet univers nouveau, un rien compassé, je découvre la fiscalité, la complexité des budgets, l'appareil du football français de l'intérieur. Et je mesure l'importance d'avoir un homme comme Sadoul à mes côtés. C'est un père, un guide, un protecteur. Il ne m'offre pas d'argent, mais il m'offre mieux : la légitimité, la crédibilité.

Avec lui, je comprends que mon travail à Nantes, Reims, Sochaux, Nîmes, n'était que le début. Que ce que j'avais inventé dans les coins de stades pouvait devenir une politique nationale. D'ailleurs, il finit par me gratifier, avec l'accord de Fernand Sastre, le président de la FFF, d'un titre de « directeur national de la promotion du football ». L'intitulé est ronflant, la rémunération égale à zéro. Mais qu'importe : j'ai l'étiquette, j'ai la vitrine. Sadoul me donne les moyens de voir plus grand et d'amorcer le virage du foot afin que ce sport passe du patronage laïc au foot business. Il a compris que c'était la seule manière de lui préserver un avenir.

Je continue mon démarchage. Les clubs signent. Les sponsors arrivent. Cela ne va pas sans peine. Le bagou, la force de conviction et la puissance de travail ne suffisent pas. Il faut aussi un brin de chance. La baraka, comme on dit dans le football. Je n'en ai jamais manqué. « Ceux qui ne croient pas aux miracles ne sont pas réalistes », assure Ben Gourion. Je le crois volontiers. Mais je crois tout autant que s'il faut espérer du Ciel, croire en son destin, il faut s'en donner les moyens. Cela passe par le travail. Je peux difficilement faire plus. Je bosse comme un âne. Comme l'écrira plus tard mon ami Charles Biétry : « Quinze heures de boulot quotidiennes pour être à la fois P.-D.G., démarcheur, secrétaire et femme de ménage : l'entreprise Darmon, c'est lui et lui tout seul. »

Cette réussite passe par le travail et des rencontres providentielles. Notamment dans l'univers des médias. À Paris, je fréquente chez Edgar, une cantine chic de la rue Marbeuf, moins par plaisir que par opportunisme professionnel. Je mange peu, ne bois pas et me couche de bonne heure, mais je sais combien une bonne table a l'heur de favoriser les affaires. J'ai pris l'habitude d'y retrouver mon ami Budzynski une fois par mois.

Un jour, grâce à Edgar Saada, le patron de l'établissement, je rencontre Bruno Dalle, secrétaire général d'Europe 1. La station a déjà signé un contrat avec le RC Lens. Moi, je pense à Nantes. Je demande un rendez-vous avec Jean-Luc Lagardère. Je ne m'attends à rien, mais, quelques jours plus tard, Dalle m'appelle : « C'est bon, tu as ton rendez-vous. »

La veille, je dors mal. L'impression d'être toujours illégitime, comme rattrapé par le complexe de l'imposteur. Le petit Marseillais que je suis va rencontrer l'homme qui a fait de Matra, modeste société d'électronique, un acteur majeur de l'aéronautique, de l'armement, de l'automobile et des médias, un véritable empire industriel. Toute ma vie, je m'en rends compte, j'ai été tiraillé par ce sentiment. Je suis habité par le doute. Je donne à voir l'inverse, une confiance en moi insensée, mais je doute. Surtout, je ne renonce jamais. Je doute, mais je me remets en selle. C'est ce qui fait de moi, je crois, un entrepreneur.

Le lendemain, je me présente rue François-1er, au siège historique d'Europe 1. Dans le bureau, Lagardère m'attend avec Étienne Mougeotte et Philippe Gildas. Pas simple comme public. Je sors mon cahier d'écolier : des photos découpées des joueurs de Nantes, avec le sponsor du moment sur le maillot. Chaque photo, un encart publicitaire. Je déroule mon discours : RTL s'affiche sur Paris, Europe 1 doit répliquer en sponsorisant un club de premier plan.

Lagardère écoute, pose des questions, s'intéresse. J'annonce un prix : 500 000 francs. Il réfléchit, il coupe en deux : 250 000. Je contre : « D'accord, mais vous m'offrez en plus de l'espace publicitaire sur votre antenne. Je pourrai le revendre à mes clients. » On se serre la main. L'affaire est faite.

Je file à Nantes annoncer la bonne nouvelle. Et là, coup de massue : Fonteneau dit non. Pas d'Europe 1 sur ses maillots. Je claque la porte. Bud et Ichoua viennent me voir pour me rassurer avec l'air de dire qu'ils se chargent de convaincre le président. Quelques semaines plus tard, l'affaire se conclut. Et le FC Nantes encaisse 750 000 francs la première année, un million la suivante. Dix ans d'alliance avec Europe 1.

J'avais tenu ma parole vis-à-vis de Lagardère. Dans ce métier, la parole vaut signature. C'est ma règle d'or. Je m'y suis tenu toute ma vie. Et cette fois-là, elle m'a ouvert la porte d'un grand groupe, d'un grand homme. Lagardère a toujours eu pour moi respect et amitié. Il m'a même proposé d'entrer au capital de mon entreprise à hauteur de 10 %. Ça ne s'est pas fait, mais l'intention comptait. Pour moi, c'était la reconnaissance ultime. La preuve que je ne m'étais pas trompé dans mes choix et que les fleurons de l'industrie croyaient dans mon entreprise. J'en avais encore sous les crampons. J'étais même convaincu que j'avais des qualités pour faire mieux que ce que je faisais déjà.

## 3

# Les yeux dans les Bleus

Je ne me suis jamais contenté d'aimer l'équipe de France depuis la tribune. Je ne l'ai jamais regardée comme on regarde un feu d'artifice, la tête renversée et les mains dans les poches. Très tôt, j'ai voulu la servir. Les Bleus, ce n'était pas un « compte » de plus dans mon carnet ; c'était un étendard. J'en rêvais.

À la fin des années 1970, les règles internationales interdisaient encore la publicité sur le maillot national, la télévision n'avait pas encore la place qu'elle prendra. En revanche, l'image de l'équipe de France se vendait bien auprès des annonceurs. Les royalties encaissées à l'occasion de ces contrats étaient ensuite partagées entre les joueurs et la Fédération. C'est Fernand Sastre, le puissant président de la Fédération de football, qui avait institué cette règle, concédant la gestion de l'image de l'équipe de France à l'Union nationale du football professionnel (UNFP), le syndicat des joueurs, que dirigeait Philippe Piat.

Jean Sadoul, pour sa part, n'était pas satisfait de cet arrangement, qui s'était fait sur le dos des clubs professionnels. Selon le président de la Ligue, les clubs étaient les grands oubliés de ce partage. Il n'avait pas tort. Ils formaient les joueurs, les payaient tout au long de l'année, même pendant leur absence lors des stages de l'équipe de France et les compétitions internationales, ils les entraînaient, les soignaient lorsqu'ils revenaient le ménisque en vrac ou avec les ligaments croisés rompus. Sans les clubs, il n'y avait pas d'équipe de France. Aussi voulait-il revoir les règles de répartition des recettes de l'équipe de France. À cette fin, il me demanda de renégocier cette répartition, qu'il jugeait inique.

L'affaire n'est pas des plus simples. Je suis brouillé avec Fernand Sastre. Le président de la FFF ne m'adresse plus la parole. Et ma première tentative pour entamer des négociations tourne court. Sastre s'obstine à bloquer toute discussion. En revanche, Philippe Piat, le président de l'UNFP, se montre ouvert.

D'autant que, si elle ne brille plus depuis sa troisième place au Mondial de 1958 en Suède, l'équipe de France est en pleine reconstruction. Le sélectionneur d'alors, Michel Hidalgo, a fait appel à une nouvelle génération de joueurs, qui, s'ils ne sont pas encore au sommet de leur carrière, montrent déjà des dispositions exceptionnelles. Parmi eux, Henri Michel,

Bernard Lacombe, Jean-Marc Guillou, Dominique Rocheteau, Marius Trésor, Didier Six, Maxime Bossis, Jean Tigana et Michel Platini…

À Mar del Plata, pendant la Coupe du monde en Argentine, un incident a révélé tout l'amateurisme à l'œuvre dans la gestion des sponsors des Bleus. Le 2 juin 1978, l'équipe de France dispute son premier match contre l'Italie. Les Français s'inclinent 2 buts à 1. Mais des observateurs avisés ont remarqué un détail curieux. Les Bleus ont joué avec des chaussures noires. Disparues, les trois bandes blanches d'ordinaire bien visibles et caractéristiques de la marque Adidas, l'équipementier officiel des Bleus.

L'incident trouve sa source trois jours avant la rencontre. Lors d'un entraînement, le représentant d'Adidas demande aux joueurs de bien nettoyer leurs chaussures afin que les trois bandes soient visibles. Les joueurs l'envoient balader, d'autant plus qu'ils trouvent que leurs primes sont bien minces. Si en plus on les oblige à frotter leurs godasses… Adidas n'a qu'à payer. Les joueurs suggèrent qu'un petit coup de pouce financier pourrait les encourager à passer le chiffon sur les pompes. La marque allemande refuse, le ton monte. Devant l'échec de la négociation, les joueurs passent consciencieusement les bandes blanches au cirage noir.

À l'approche de la qualification de la Coupe du monde de 1982, Fernand Sastre, qui veut pouvoir mettre les Bleus dans les meilleures conditions possibles afin que les espoirs que la France a placés dans cette équipe ne soient pas gâchés par une contrariété ridicule, finit par accéder aux demandes de Jean Sadoul. La Fédération accepte de suivre ma proposition : confier la promotion des Bleus à une nouvelle entité, « Football France Promotion », afin de la professionnaliser.

Nous scellons un pacte clair : 40 % des bénéfices pour les joueurs de l'équipe de France, 35 % pour la Fédé et la Ligue à parts égales, 13 % pour l'UNFP – afin que tous les pros soient associés – et 12 % pour notre rémunération, assumée et écrite noir sur blanc. Philippe Piat devient mon associé au sein de la FFP et abandonne bien vite toutes les préventions à mon égard. Un troisième associé nous a été imposé. Il s'appelle Bernard Genestar. C'est l'agent de Michel Platini.

Philippe Piat prend en main la partie administrative. Je m'occupe de la partie commerciale. Quant à Bernard Genestar ? En tant qu'associé, il empoche sa part des bénéfices. Mais s'il est toujours agréable au quotidien, il se révèle absolument inutile, sinon nuisible.

Il va même faire capoter une négociation pourtant très favorable aux intérêts de l'équipe de France. Alors que je suis en pleine discussion avec la société Devanlay, qui veut à acquérir la concession des tee-

Avec Lino, une amitié fidèle et sincère

Une immense affection fraternelle

Deux parcours, deux passions,
un même goût pour l'excellence :
Alain Delon et moi,
réunis par l'amitié et le respect

Ils m'ont donné la vie et,
tout au long de la leur,
ils m'ont soutenu
contre vents et marées

Les mousquetaires

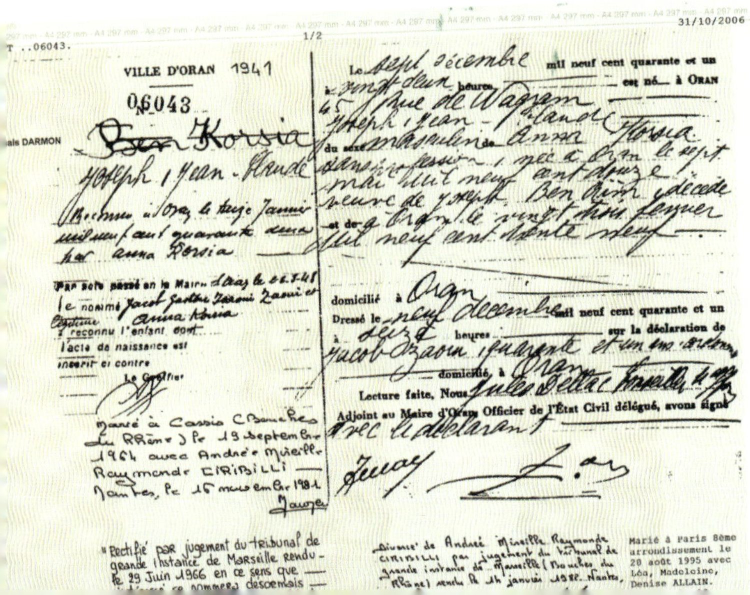

1/2 31/10/2006

T ..06043.

VILLE D'ORAN 1941

N° 06043

...ais DARMON

~~Ben~~ Korsia
Joseph, Jean-Claude

Reconnu à Oran le treize janvier mil neuf cent quarante deux par Anna Korsia

Par acte passé en la Mairie d'Oran le 06.7.48 le nommé Jacob Gaston Zaoui Zaoui et Anna Korsia
a reconnu l'enfant dont l'acte de naissance est inscrit ci contre

Le Greffier

Marié à Cassis (Bouches du Rhône) le 19 septembre 1964 avec Andrée Mireille Raymonde CIRIBILLI
Nantes, le 16 novembre 1981

Le sept décembre mil neuf cent quarante et un à vingt deux heures est né à Oran 45 rue de Wagram Joseph, Jean-Claude du sexe masculin de Anna Korsia sans profession, née à Oran le sept mai mil neuf cent douze, veuve de Joseph Ben Kiran, décédé à Oran le vingt deux février mil neuf cent trente neuf

domicilié à Oran

Dressé le neuf décembre mil neuf cent quarante et un à seize heures sur la déclaration de Jacob Zaoui, quarante et un ans, ordonnance domicilié à Oran

Lecture faite, Nous Jules Dellac, conseiller municipal, Adjoint au Maire d'Oran Officier de l'État Civil délégué, avons signé avec le déclarant

« Rectifié par jugement du tribunal de grande instance de Marseille rendu le 29 Juin 1966 en ce sens que l'enfant se nommera désormais

Divorcé de Andrée Mireille Raymonde CIRIBILLI par jugement du tribunal de grande instance de Marseille (Bouches du Rhône) rendu le 14 janvier 1982. Nantes,

Marié à Paris 8ème arrondissement le 28 août 1995 avec Léa, Madeleine, Denise ALLAIN.

Dès ma naissance,
la première erreur
de mon état civil

Charles et Monique Bietry, amis pour la vie

Claude Bez,
président des Girondins
de Bordeaux.
Courageux !

Bras droit du ministre
des handicapés,
Michel Gillibert

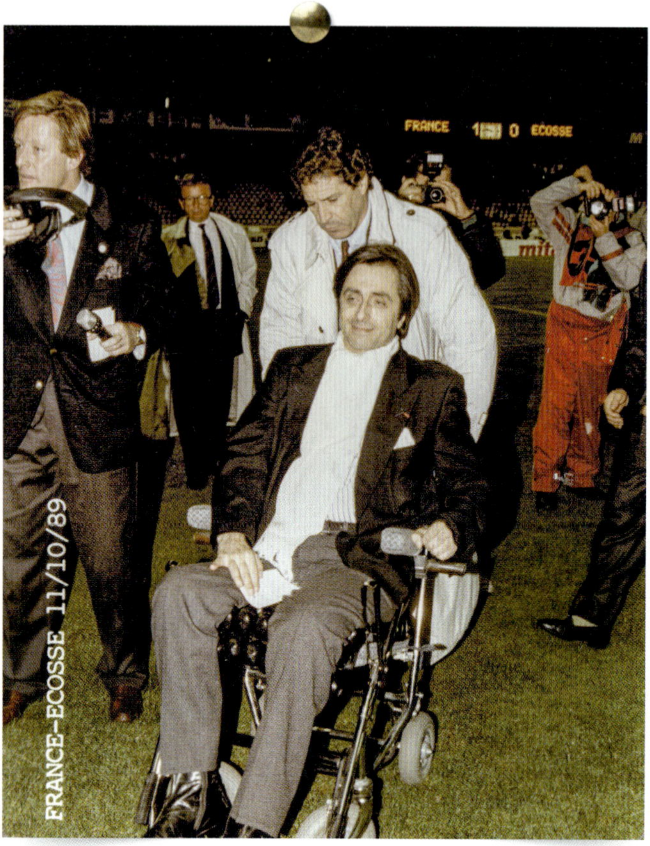

Robert Budzinski, mon complice, mon allié de la première heure

Avec Issa Hayatou, nous avons ensemble contribué à faire découvrir au monde entier la qualité et le talent du football africain

Jean Sadoul, mon père spirituel, président de la L.N.F.

Match pour mon association Plus Fort la Vie avec toutes les stars qui participent chaque année à ce match caritatif

Téléfoot, présenté par Thierry Rolland, avec Aimé Jacquet
et Pascal Praud, que j'ai connu enfant

Ma seule photo enfant
avec ma sœur Rachelle

Mon amour de petite sœur
partie trop tôt

Les 80 ans de ma mère, entourée par mes sœurs,
qu'elle ne voyait pas, mais elle savait nous aimer à la folie

Le Graal, remis par Nicolas Sarkozy, ancien Président de la République,
un ami très cher et un modèle dans ma vie

SO Cassis, mes amis,
tous avec la même passion
du football

Pierre Lescure,
Président de Canal+

Un moment de bonheur
partagé avec Jean-Paul
et Michaël

shirts aux couleurs des Bleus pour un million de francs, Genestar se permet d'intervenir. Il a monté une société Platini, sous l'enseigne « 10 Platini ». Il nous propose de prendre le marché dans les mêmes conditions.

Avec Philippe Piat, nous marchons à la confiance. Nous donnons notre accord et attendons le retour du contrat signé par eux, sûrs qu'ils vont respecter leurs engagements. Le temps passe, rien ne vient. Et trois mois avant le début de la Coupe du monde, Genestar nous informe que malheureusement « 10 Platini » est en difficulté. Il ne peut nous proposer que 150 000 francs pour les droits sur les tee-shirts. Cette situation nous conduit à nous séparer de lui en lui rachetant ses parts. Sadoul et Sastre approuvent notre décision. Pas Platini, qui va nous en vouloir longtemps, à Philippe et moi. Peut-être un peu plus à moi, d'ailleurs. Mais c'était notre devoir que de servir les intérêts des Bleus. Et nous le faisions au mieux de leurs intérêts à tous. Sous mon impulsion, les résultats de Football France Promotion allaient être multipliés par quatre par rapport à 1978, grâce aux investissements des AGF, du Crédit du Nord et des montres Kiplé. C'en était fini de l'artisanat.

Fernand Sastre l'avait compris. C'est ainsi qu'après m'avoir battu froid, ignoré, il n'hésitait plus à m'associer à ses grands projets. À commencer par la construction d'un centre d'entraînement flambant neuf. Pour bâtir Clairefontaine, avec Philippe Piat, nous allons nous investir pour lever des fonds affectés à une fondation. En décembre 1984, Fernand Sastre n'a pas posé une première pierre : il a planté un chêne. L'image lui ressemblait.

De 1980 à 2010, avec FFP, je vais gérer les droits de l'équipe de France et permettre aux Bleus de disposer d'un budget ambitieux. Je négocie bénévolement les droits télé des Bleus. L'intégralité des sommes versées par les chaînes va directement dans les caisses de la Fédération. Je négocie les équipements avec Adidas, en concertation constante avec les joueurs. Nous n'aurons plus jamais à déplorer le moindre incident. Je gère également les panneaux publicitaires pour les matchs internationaux et le merchandising. Chacun y trouve son compte.

J'y vois aussi l'opportunité inouïe d'évoluer dans l'ombre de ces joueurs fabuleux. À force, beaucoup vont devenir des amis. La réussite ne tient pas qu'aux cycles dorés. Après 1984, il y eut l'ivresse. Puis sont venues la poussière et la frustration : 1990, 1992, et 1994 à la télé seulement. C'est dans ces creux qu'on mesure si ce qu'on a construit tient debout. Beaucoup de partenaires sont restés parce que je leur ai dit la vérité : la disette est un passage, l'honneur est un choix.

Aimé Jacquet débarque à la tête de la sélection en 1994. Il faut tout rebâtir après la cuisante et humiliante élimination des Bleus des éliminatoires de la Coupe du monde. Il commence sans fanfare. Jusqu'à ce soir d'août 1994, à Bordeaux. Aimé lance un jeune joueur qui évolue à Cannes : Zidane. Deux frappes plus tard, la France s'est mise à rêver. J'ai vu Jean Sadoul lever les sourcils. Nous venions d'apercevoir l'avenir.

Je n'idéalise pas mes rapports avec les institutions. Il y a eu des portes qui grincent, des colères froides, des déjeuners trop longs. Mais nous avions fini, Fernand et moi, par nous comprendre. Un jour, il a confié à Jean Sadoul : « J'ai perdu trop de temps à ne pas chercher à comprendre Jean-Claude. » Cette phrase a mis fin à une vieille incompréhension et a ouvert un compagnonnage. Elle m'obligeait. J'ai continué d'agir avec la même obstination : des règles, des comptes, des résultats.

Les Bleus m'ont donné bien plus qu'ils ne peuvent l'imaginer. J'ai vu des larmes, des silences, des embrassades. J'ai vu des joueurs talentueux rester simples, des gamins devenir des hommes, des partenaires tenir parole, des intendants faire des miracles avec une caisse à outils. Des joueurs devenir des champions du monde.

4

# D’un ballon l’autre

« L’une des vertus les plus éminentes du rugby est de mettre en échec la solitude et la morosité », écrivait Blondin. Je ne crois pas avoir jamais été vraiment seul ni morose de toute ma vie. Mais ce que je sais, c’est que, si j’aime le foot à mourir, j’aime aussi le rugby avec passion.

Autrement, c’est sûr. Et dès que j’en avais l’occasion, je me prenais une place au Parc des Princes pour voir évoluer le XV de France. Je m’asseyais dans les tribunes, je respirais ce mélange de gazon mouillé, de cuir et de Gauloises, et j’attendais. Je regardais les épaules larges, les regards fiers, les silences avant l’hymne, avant que tout un stade, en chœur avec les joueurs, reprenne à gorge déployée chacune des paroles de *La Marseillaise*.

Je n’ai pas changé de religion : je reste un homme du foot. Mais, ce que je sais aussi, c’est que l’ovalie m’a offert autre chose que des essais : une école de tenue, des mains tendues, des troisièmes mi-temps où l'on refait le monde sans perdre l'essentiel. Une autre manière de faire du business dans un monde qui freinait encore des quatre fers pour ne pas basculer dans le professionnalisme, comme jaloux de son esprit de clocher.

C'est ainsi qu'un soir, au Parc, j'ai basculé du gradin à la coulisse. Je venais saluer le président de Toulon, un ami, quand il m'a entraîné vers un homme massif au regard clair. « Jean-Claude, je te présente le président Ferrasse. » L'ancien trois-quarts aile a bien pris quelques kilos, mais il porte beau la soixantaine. Il ne s'embarrasse pas de phrases, se contente de quelques mots pour me répondre, justifiant sa réputation d'ours mal léché. Je crois presque voir le clone de Jean Sadoul. Ils sont de la même génération. Ils ont pour moi la même réserve, la méfiance initiale.

Pour autant, à mesure que défilent les minutes et que l'équipe de France plante des essais, je sens qu'Albert Ferrasse se montre plus disposé à m'écouter et à me répondre. Je tente ma chance. Après tout, pourquoi ne pas investir le rugby… Je lui dis simplement que je peux aider le XV de France à mieux valoriser ses matchs. J'insiste : « Président, c'est avec des ronds qu'on fera avancer l'ovale ! » Il y avait là un public immense, des images fortes et des partenaires prêts à s'engager si on les accueillait comme il fallait. Il ne m'a pas souri. Il m'a dit : « Commencez par les panneaux quand on joue ailleurs qu'au Parc. On verra. » C'était un oui, à sa manière.

Au Parc des Princes, toute la publicité est gérée par une société qui a l'exclusivité des droits. Mais lorsque le XV joue à l'extérieur, en France comme à l'étranger, c'est maintenant à moi de montrer ce que je sais faire. Pour aller plus loin, il me demande de prendre contact avec son bras droit. Ce dernier m'accueille cigare aux lèvres, me toise comme si je le dérangeais. En vrai, il se fiche de ma pomme et me propose seulement de vendre de la publicité au dos des billets de la Fédé. J'ai l'impression de revivre ce que j'avais vécu avec le bras droit de Fernand Sastre. Mais, cette fois-ci, je n'ouvre pas ma grande gueule pour me plaindre auprès du président de la Fédération de rugby. Il m'en avait coûté quatre ans de purgatoire avec Sastre.

Je finis par m'occuper enfin de la publicité dans les stades pour les matchs du XV de France. Je crée Rugby France Promotion, sur le modèle de Football France Promotion. Avec Philippe Piat. On ne change pas une équipe qui gagne. On applique les mêmes recettes : des relations commerciales soignées, une gestion rigoureuse et transparente. Le président Ferrasse est satisfait, d'autant que les résultats sont là.

En 1983, la Fédération a confié à un prestataire l'organisation d'un « village de tentes » face au Parc des Princes pour un match du Tournoi. L'idée est belle, empruntée aux Anglais, qui pique-niquent devant le mythique stade de Twickenham. Là, il s'agit de faire la fête après-match avec des institutionnels, des huiles, de futurs partenaires. La comptabilité, elle, est catastrophique. À l'heure des comptes, Albert Ferrasse découvre que son opération a laissé un trou d'environ 150 000 francs dans les finances de la FFR.

Il doit présenter ses comptes au conseil d'administration de la Fédération, qui se réunit au Grand Hôtel, place de l'Opéra, à Paris. Le jour même, il m'invite à partager un petit déjeuner dans les salons de l'hôtel. Il a le journal du matin et un café. « Vous vous occuperez du prochain village. » Je viens d'hériter d'une opération pour laquelle je n'étais pas candidat. Mais pas question de refuser. Et pour officialiser cet accord, il me demande d'assister à son conseil d'administration. L'ordre du jour est respecté. Ferrasse manœuvre avec habileté pour ne pas se faire chahuter. Et lorsque vient le moment où il doit évoquer le trou financier laissé par le « village des tentes », il annonce que « désormais les opérations de relations publiques seront sous la responsabilité de Jean-Claude Darmon ». Il ajoute : « Darmon accepte de boucher le trou financier de l'opération précédente. » Je suis scié, mais pas question de le contredire.

Au fond, je sais quel parti en tirer. Dès la rencontre suivante, la grande tente s'est dressée sur le parking Guilbaud. Entrées filtrées, accueil digne d'un palace, traiteur au cordeau, et surtout une règle d'or : les partenaires ne viennent pas consommer un buffet, ils viennent vivre un moment. Avant le match, les partenaires et les invités se serrent la main. Après le match, je force les joueurs du XV de France, habillés en smoking, à passer prendre un verre. Succès immédiat.

Les demandes affluent. Les réservations explosent. On est contraints de déménager à l'hippodrome d'Auteuil. J'ai inventé sans le savoir la « troisième mi-temps » des marques : une boîte privatisée, tard, avec des joueurs, des sponsors, quelques artistes et journalistes. Pas de cirque, pas de m'as-tu-vu. De la proximité, du respect. Ces nuits-là ont plus construit d'alliances que certains comités de direction.

Le rugby devenait mon laboratoire d'hospitalité. Le foot en profiterait, la télévision n'allait pas tarder à suivre.

5

# Canal Football Club

Stade de la Beaujoire, un vendredi soir de novembre 1984. Cinq caméras, des câbles partout, des micros qui traînent dans le couloir, des joueurs un peu hagards devant l'invasion du matériel qui s'étire le long des lignes de touche. J'en vois qui se demandent s'ils passent à l'antenne et regardent fixement les caméras.

À la 58$^{e}$ minute, José Touré déborde sur l'aile droite et envoie une offrande au second poteau. Vahid Halilhodžić supplante le défenseur de la tête et plante le but. Nantes 1, Monaco 0. Ma joie est double : mon club de cœur l'emporte, et surtout, c'est le premier match de Division 1 diffusé en direct sur Canal +.

Au micro, Michel Denisot et Charles Biétry excitent la nuit comme des pionniers. On ne le sait pas encore, mais tout commence. Une chaîne payante, des caméras au bord du vestiaire, une réalisation qui colle au jeu, un but qui voyage aussitôt dans les salons : la télévision vient d'entrer pour de bon dans le football français – et le football, en retour, va donner à la télévision une raison d'exister chaque semaine. Charles Biétry se démultiplie. Il crée, il invente. Quand il n'est pas dans la cabine des commentateurs, il est à la sortie des vestiaires pour recueillir une confidence d'un joueur, l'analyse d'un entraîneur. Quand le match s'achève, il a déjà dégringolé les travées pour rejoindre la pelouse, suivre les joueurs jusque dans les vestiaires. Il va bouleverser l'image du foot à la télé.

C'est pour moi une consécration. Un rêve longtemps caressé, mais qui m'a semblé si souvent inatteignable. Les réticences étaient nombreuses, les préjugés sur la retransmission des matchs incalculables.

On n'était parti de rien, ou de pas grand-chose.

À la fin des années 60, la télé balbutie ; l'ORTF a ses certitudes de monopole et ses peurs d'épicier : « La télé va vider les stades. » On brandit l'épouvantail de Lyon-Rennes. Le 8 novembre 1969, quelques centaines de spectateurs seulement s'époumonent dans les gradins de Gerland parce que la rencontre est passée à l'antenne. Les dirigeants de club ont eu peur. Ils prennent l'exception pour la règle et interdisent toute retransmission des matches de championnat, dont la Ligue détient les droits.

Les clubs, eux, n'ont le droit de négocier que l'Europe. Le reste, c'est niet. Une *terra incognita*. Personne n'a envie de s'aventurer dans ce bourbier.

L'ORTF filme quand ça l'arrange, surtout l'international, et revendique l'ombre de son service public. Les quelques rencontres de Coupe de France autorisées ? Des audiences mauvaises, disent-ils ; des images médiocres ; trop peu de caméras ; des éclairages incertains, brinquebalants ; et depuis que je mets des panneaux sur les stades, voilà qu'ils hurlent à la publicité clandestine. Évidemment : ils ne touchent rien.

Ça finit au Sénat. La commission Caillavet examine le temps d'exposition des panneaux et compare avec le coût d'un spot TV. L'analyse est rigoureuse, méthodique. Les sénateurs démontrent froidement l'impact de mes panneaux publicitaires. Résultat collatéral : je les revalorise de 25 %. Merci les sénateurs – je n'aurais jamais pu me payer une telle étude.

Deux chocs, ensuite, font bouger les lignes. En janvier 1975, l'ORTF éclate : TF1 d'un côté, Antenne 2 de l'autre. Et surtout, en mai 1976, Saint-Étienne grimpe en finale de la C1 contre le Bayern. Le pays entier retient son souffle, les deux chaînes se battent pour les images et s'en remettent au tirage au sort pour définir qui aura le droit de retransmettre le match en direct. TF1 l'emporte en noir et blanc, Antenne 2 se rattrape en différé couleur. Il y a dix millions de Français devant leur écran. Du jamais-vu. D'un coup, plus personne ne peut dire que « ça n'intéresse personne ».

Là, je pousse mon avantage. Je vais voir Antenne 2 et je propose un magazine hebdo tout foot, les meilleurs moments, tous les buts du championnat, en exclusivité. Je suis dans le bureau de Robert Chapatte et dois faire face à Roger Couderc. Je déroule, je calcule, j'explique le modèle : la Ligue vend, la chaîne fidélise, les clubs encaissent, les annonceurs deviennent nationaux. Chapatte lâche un « faut voir », et Couderc, la grande voix du rugby, explose : « Ça ne sert à rien, le foot français n'intéresse personne, et de toute façon on n'a pas les moyens. » Thierry Roland et Bernard Père, qui écoutent en coin, tentent de me soutenir, rien n'y fait. Rideau. J'ai perdu la bataille. Alors je traverse l'avenue. Direction TF1. Georges de Caunes, le chef du service des sports, m'écoute, trouve l'idée bonne, la remonte à sa direction. On sent que ça peut mordre.

Reste à retourner Jean Sadoul. Je connais sa position. Le patron du groupement ne veut pas de télé qui vide les stades. Mais, à force de frayer avec lui, j'ai appris à lui parler. Je retourne l'argument : promotion. Notre affluence végète à 7 000-9 000 spectateurs par match ; si le magazine passe après les journées, avec des résumés, on donne envie de revenir au stade. L'Europe le fait déjà, et ça marche. J'avance un prix : 60 000 francs pour boucler la fin de saison. Jean Sadoul, poussé par Jacques Thébault, se range à mes arguments et me donne son feu vert pour négocier.

Retour à TF1. De Caunes fait face à Sadoul. Ce dernier veut bien faire et lâche la bourde du siècle : « C'est pourquoi nous sommes prêts à payer 60 000 francs. » Je lui écrase le pied sous la table ; il se reprend ; l'incident est clos, l'accord signé. Le 16 septembre 1977, « Téléfoot » naît avec Pierre Cangioni. On ne réalise pas encore, mais on vient d'installer dans la tête des Français une messe dominicale.

Les renouvellements suivants confirment la trajectoire. Antenne 2 met le paquet, TF1 garde la main. Hervé Bourges, alors président-directeur général de la chaîne, comprend tout de suite la puissance d'attraction du football. Je multiplie les rendez-vous, je fais la navette ; 1986, TF1 est privatisée. La négociation se fait directement dans les bureaux de Martin Bouygues. Déjeuner, sourire carnassier : « Dites-moi votre prix, je suis d'accord. » On s'entend autour de 50 millions. L'antenne est contente, l'audience suit, les écrans pub carburent. Gagnant-gagnant.

Et puis Canal + arrive. Nous sommes en 1984, la chaîne cryptée cherche des contenus exclusifs : du cinéma, du foot. Je vois Pierre Lescure et Charles Biétry très tôt ; on tâtonne sur les chiffres, Charles Biétry se montre intraitable. À chacune de mes propositions, il me fait la même réponse lapidaire : « Trop cher. » Très bien. On passe à la phase 2 : grande réunion chez Havas, à Neuilly. André Rousselet, le propriétaire du groupe de taxis G7 et fondateur de la chaîne à péage, est assis au centre, Alain de Greef, qui allait devenir l'emblématique directeur des programmes, Pierre Lescure et Charles Biétry prennent place autour de lui ; côté Ligue, nous sommes trois : Jean Sadoul, Jacques Thébault et moi. On accorde six mois d'essai, un match de D1 par semaine à un prix modique. La chaîne ouvre le 4 novembre 1984 ; cinq jours plus tard, Nantes-Monaco écrit la première page de la grande histoire du foot à la télé payante. Ce soir-là, je regarde jouer Nantes et je regarde naître un marché.

Mais Canal rame. Décodeurs capricieux, presse hostile, la France n'a pas l'habitude de payer pour voir la télé. Il faut un coup. Mars 1985, Bordeaux rencontre le Dnipro en quart de finale de la C1. Avec Claude Bez, le patron bordelais, on a nos travers et nos vertus ; mais c'est un fonceur. Canal n'a que 200 000 abonnés, l'idée est folle : diffuser en clair. Le trio Rousselet-Lescure-Biétry décide vite. Plateau musclé, Jean-Paul Jaud à la réalisation, Denisot-Biétry au micro, Aimé Jacquet sur le banc, Lacombe ouvre, Müller rate un pénalty, les Soviétiques égalisent. Le lendemain, toute la France parle du match ; 15 000 abonnés gagnés dans la foulée, dont de nombreux à Bordeaux ; l'idée fait école.

Les autres chaînes hurlent ; la Haute Autorité s'en mêle ; Pascal Josèphe (TF1) monte dans les tours ; Biétry garde son sourire, récite la Convention : Canal a l'obligation d'un minimum d'heures en clair, pas d'un maximum. Elle était dans son plein droit de diffuser ce match. Victoire par K-O.

Le retour en URSS vire au roman : Dnipropetrovsk est interdite aux étrangers. Il nous faut faire un détour par la Crimée. Les conditions sont miteuses, pour ne pas dire épouvantables. Claude Bez menace de ne pas jouer ; on embarque quand même. La température s'affiche en négatif. Il fait –14 °C dans les tribunes. Bordeaux arrache malgré tout sa qualification aux tirs au but. Le président des Girondins de Bordeaux est fou de joie. Il annonce une double prime dans le vestiaire. Le lendemain, il me rappelle, la tête en vrac : « Jean-Claude, trouve-moi de l'argent. »

Je double les caméras à Lescure : d'un côté le flux français, face à des panneaux nationaux ; de l'autre la captation internationale, face à des marques italiennes (pour la demi-finale contre la Juventus). Coup double : recettes doublées, promesses tenues. On perd au total (0-3 là-bas, 2-0 au retour), mais on sort en ayant inventé une méthode que je répliquerai partout.

Reste le plus difficile : les prix. La période d'essai entre Canal + et la Ligue s'achève, il faut fixer une grille. Jean Sadoul pousse à 250 000 francs pour 22 matchs ; chez Canal, on dit oui sans broncher. La chaîne a besoin d'affirmer son image : Canal est la « chaîne du sport ». Lorsque l'on arrive au conseil d'administration de la Ligue pour entériner notre accord, on pense que l'affaire va passer crème. C'est l'inverse qui se produit. L'ambiance est électrique. Un véritable tohu-bohu. Claude Bez se lève : « Ce n'est pas assez ! » À vrai dire, c'est moins une question de principe que de guerre entre deux hommes qui n'ont jamais pu s'apprécier ; Bez jalouse Sadoul. Le conseil vacille, la séance est houleuse. Elle s'éternise. Jean Sadoul, en bon stratège, préfère botter en touche et annonce un report. À peine la porte refermée, il m'attrape : « Jean-Claude, reprends les négos. Et vite. »

Retour chez Canal +. L'ambiance est froide. Les offres remontent trop bas. Le président de la Ligue oppose sa politesse mitrailleuse : « Non, Charles, non, Charles, non, Charles. » Et puis, d'un coup, coup de théâtre : « Écoute, petit, je t'aime bien, mais j'arrête. On a vécu sans la télé, on vivra sans la télé. C'est fini. Tu salueras Rousselet. » Il s'allonge sur sa chaise longue, ferme les yeux : « Je suis fatigué. Vois ça avec Jean-Claude. » Charles Biétry sort livide.

Le moment est venu de tenter un coup : « Et si on indexait le prix par match sur le nombre d'abonnés ?

Si la chaîne gagne, tout le monde gagne. » Lescure et Rousselet valident. On s'assoit pour l'ultime séance ; je pousse la grille progressive au maximum : tout en haut, j'inscris : « 7 millions de francs le match pour 1 000 000 d'abonnés. » Éclat de rire chez Canal : « Un million ? Mais vous êtes fou, Jean-Claude ! » Rires aussi au conseil de la Ligue : « Sept millions pour un match, mais bien sûr… » Deux ans plus tard, Canal fête deux millions d'abonnés.

Pour les négos suivantes, on passera à des forfaits, mais l'idée d'indexation aura cassé la glace : on a relié la valeur du foot à la croissance de la chaîne.

Entre-temps, la rivalité Sadoul-Bez aura tout fait tanguer. Claude Bez a cette moustache de commerçant et un sens du panache qui force l'admiration ; Sadoul, lui, est le patron bénévole qui pense à l'avenir des clubs avant tout. Ils se détestent sans toujours se le dire. Au conseil, Bez tonne, Sadoul encaisse, puis dégaine la stratégie. Cette guerre d'ego aurait pu faire capoter l'accord avec Lescure-Biétry-Denisot ; elle l'a endurci. J'ai passé des nuits à calmer l'un, rassurer l'autre, recoudre au petit point. Au bout, j'avais la signature.

C'est le plus important. Ce n'est pas l'argent qui me motive. Je le jure devant Dieu, je n'y pense pas. De toute façon, je ne reçois aucune commission de la LNF ou de la FFF sur les contrats des droits TV de Canal + ou de TF1 pour les négociations des droits télévisés que je mène pour la retransmission des matchs de Ligue 1 ou de l'équipe de France. Mais à chaque fois que je conclus un contrat, je ressens la même adrénaline qu'un attaquant lorsqu'il marque un but. Une joie immense. Une déflagration de bonheur.

Le reste ? C'est la nouvelle normalité. Les caméras investissent les couloirs et les vestiaires. Le match débute avant le coup de sifflet. Il y a un plateau d'avant le match comme pour chauffer le téléspectateur et le transformer en supporter. Les ralentis sont de plus en plus léchés, les joueurs starifiés à grand renfort de statistiques. De mon côté, je vois l'avantage que je tire. Je ne suis pas sous contrat avec la Ligue, pas plus que je n'ai rien signé avec Canal +, mais mes panneaux publicitaires sont survalorisés parce que l'écran les colle à l'œil. Les anciens présidents qui me sermonnaient sur les stades vides ont changé de refrain : ils attendent les rendez-vous télé, ils courent après les horaires premium. On peut le regretter, on peut le célébrer ; moi, je constate : sans la télé, le foot français serait resté artisanal et n'aurait jamais pu rivaliser avec les championnats des pays voisins. Avec les droits télévisés, il est devenu une industrie du divertissement, un spectacle hebdomadaire, un discours national, une économie qui respire.

Mon intuition avait mis du temps à se concrétiser. Désormais, elle épousait l'écran. J'ai mis vingt ans à y parvenir. Rien ne serait plus jamais comme avant.

Je m'étais installé dans le paysage. Indispensable. Incontournable. Même ceux qui avec des préventions à mon égard finissaient par se ranger à mes arguments, comme convaincus que leur développement ne pouvait se passer de mes services.

Je me souviens de Jean-Michel Aulas à ses débuts à l'Olympique lyonnais. Nous sommes en 1987. Il venait d'acquérir le club, avait l'ambition d'un jeune lion qui veut tout conquérir et révolutionner son monde. Il avait fait fortune dans les affaires, s'imaginer dupliquer sa réussite dans le foot. Il aurait pu me mettre à la porte de l'OL alors que j'étais sous contrat. Il me trouvait cher et se persuadait qu'il ferait mieux tout seul, avant de se raviser.

J'ai su le retourner sans le brusquer, le convaincre que c'était dans son intérêt comme du mien que de marcher de concert. S'il voulait développer l'OL, il était préférable de s'appuyer sur mon entregent, que de repartir de zéro avec de nouveaux partenaires. Nous avons fini par nous entendre. Et je me faisais un plaisir de lui ouvrir les portes du football français, de l'introduire auprès de Jean Sadoul. Je l'ai conduit moi-même jusqu'à Alès. Je l'ai tellement conditionné pendant le trajet sur l'importance de rendez-vous rituels auprès du président de la Ligue, que je crois qu'il a fini par se persuader qu'il s'agissait presque d'une audience pontificale. Mais je ne crois pas qu'il ait eu un jour à le regretter.

D'autant que je ne serais jamais à court d'idées pour accompagner le développement du football et faire en sorte que le foot français, parfois à la traîne de ses voisins européens, rattrape son retard. C'est ainsi par exemple qu'au cours des années quatre-vingt-dix, face à la concurrence et à l'écart qui se creuse entre les ressources financières des autres clubs européens, qui sont détenteurs de leurs droits de diffusion, et celles des clubs français gérés par la LNF, j'ai l'idée de créer le Club Europe. L'objectif consiste à récupérer les droits d'exploitation des clubs et à développer les sources de revenus des plus grands clubs français. Jean-Michel Aulas en comprend tout l'intérêt. Il n'est pas le seul. Les présidents de Bordeaux, Monaco, Marseille, Paris et Lens flairent aussi le bon coup et se décident à m'accompagner à Bruxelles. Je plaide pour que les principaux clubs français récupèrent leurs droits. Une fois la chose acquise, je contacte Canal +, TF1 et France 2 dans le but de leur vendre un droit d'exclusivité de retransmission des matchs européens. Canal +, qui a fait du foot sa vitrine, emporte la mise au prix d'une exclusivité et de centaines de millions d'euros. Bientôt, une clause est ajoutée pour que tous les clubs de Ligue 1 soient intégrés au contrat en cas de qualification européenne. Je propose aux opérateurs téléphoniques le même deal. Cette fois-ci, c'est Orange qui décroche le marché. Les millions pleuvent sur la Ligue 1. Avec cette idée, je viens d'assurer la sécurité financière des clubs...

## 6

# Le sauveur

À Marseille, le 7 avril 1981, un tribunal prononce la liquidation judiciaire de l'Olympique de Marseille. Ce jour-là, j'ai la gorge serrée. C'est plus qu'un club qui s'apprête à disparaître, c'est une ville entière qui tremble, un peuple privé de son drapeau, de ses chants, une histoire qui bascule au bord de l'oubli.

Dans les couloirs du palais de justice, les visages sont fermés, les regards éteints. Quelques dirigeants épuisés s'accrochent encore à l'idée qu'un miracle pourrait survenir. Mais, pour tous les autres, la messe semble dite. L'OM est à terre.

C'est Jean Sadoul, président de la Ligue nationale de football, qui m'appela. Sa voix était grave, presque solennelle :

– Jean-Claude, il faut sauver l'OM.

Je n'ai pas hésité une seconde. Pas parce que Jean était mon ami, et que ses demandes ne se discutaient pas, mais parce que Marseille, c'était ma ville, celle où j'avais grandi, où j'avais construit mes premières affaires. Parce que l'Olympique de Marseille était un symbole trop grand pour être abandonné à son sort. Dans mon esprit, ce n'était pas un contrat, c'était une mission. Je me devais de sauver l'OM.

Le décor était planté. Les comptes étaient vides, les dettes abyssales, les joueurs licenciés. L'OM n'existait plus que par l'amour de ses supporters, mais cette ferveur ne suffisait pas à faire vivre une entreprise. Dans une salle de réunion des locaux du club, Jean Sadoul, le patron de la Ligue de football professionnel, joua sa carte maîtresse. Pour tout dire, il n'en avait pas d'autres : « J'ai demandé à Jean-Claude Darmon de prendre les choses en main. » Tous les regards se tournèrent vers moi.

Je connaissais l'enjeu, je savais que la clé était double : il fallait que j'obtienne un soutien politique et un soutien médiatique. J'ai commencé par m'assurer l'appui des journaux marseillais, qui couvraient tous les horizons politiques : *Le Provençal*, *Le Méridional*, *La Marseillaise*. Peu importaient les idéologies, il y a toujours eu une union sacrée de la presse locale dès qu'il s'agissait de sauver l'OM. Ils savaient mieux que je n'aurais pu leur dire qu'un club mort, c'étaient des colonnes de journaux envolées, des lecteurs qui se détournent des pages sportives.

Et puis il a fallu aller voir Gaston Defferre. L'homme était maire de Marseille depuis plus de vingt ans. C'était une figure redoutée et respectée que son passé de ministre de l'Intérieur de François Mitterrand ne faisait que renforcer. La rencontre eut lieu dans son bureau de l'hôtel de ville, face au Vieux-Port. L'atmosphère entre nous était glaciale. Direct, il me lança :

– Monsieur Darmon, j'espère que vous allez faire un effort. Parce que, pour venir à Marseille, il faut le mériter.

– Mais, Monsieur le maire, je suis marseillais.

– Non. Je ne vous connais pas.

J'ai compris que j'avais face à moi un bloc de méfiance. Heureusement, un adjoint, qui me connaissait bien, est intervenu. Et Jean-Louis Levreau, du *Provençal*, a plaidé ma cause en rappelant les liens étroits que j'entretenais avec Jean Sadoul. Gaston Defferre a baissé la garde. Avait-il d'autres choix ? Le dialogue a pu s'ouvrir. J'ai exposé mon plan : un apport immédiat d'argent frais pour rassurer le tribunal, puis la mise en place d'une structure de transition, et enfin de nouveaux dirigeants pour relancer le club. Gaston Defferre trancha : « La mairie s'engagera avec vous, à la hauteur de ce que vous mettrez. »

J'ai annoncé un million de francs de caution. La Ville a suivi. Le tribunal a accepté. L'OM respirait de nouveau. Mais pour combien de temps ? Il fallait des dirigeants. Grâce au concours de Gérard Briat, mon adjoint, qui était aussi le vice-président du club de tennis le plus huppé de Marseille, j'ai trouvé : Jean Carrieu, entrepreneur en bâtiment, et Cohen-Skalli, le patron de Rivoire et Carret, la marque de pâtes, prirent la présidence en tandem. Autour d'eux, j'ai rameuté des industriels locaux pour mettre un peu d'argent dans la corbeille, signé ponctuellement la FRAM comme sponsor maillot, puis Faure électroménager.

Restait le problème sportif. L'effectif professionnel était des plus réduits. Les licenciements des joueurs pros s'étaient faits à la pelle. Il restait six matchs à jouer et une relégation en troisième division menaçait de ruiner nos efforts. La solution vint des jeunes : les fameux *minots*, ces gamins qui avaient gagné la Gambardella deux ans plus tôt. Il fallait les jeter dans le grand bain, leur faire confiance, brûler pour ceux qui croyaient des cierges à la Bonne Mère. Il n'y avait pas grand-chose de plus à faire.

Ils firent mieux que se défendre. Les minots de l'OM (Marc Lévy, José Anigo, Jacques Lopez, Christian Caminiti, Roland Gransart, Jean-Yves Francini, Jean-Charles De Bono, Marcel De Falco, Éric Di Meco, entre autres...) surprirent tout le monde : six matchs, zéro défaite. Mieux : une victoire éclatante contre Montpellier (3-1). Dans un geste magnifique de générosité dont il avait le secret, Loulou Nicollin, le président de Montpellier, reversa sa part de la recette à l'OM. Marseille était sauvé sportivement comme financièrement.

Mais le répit fut de courte durée. Le club devait végéter encore deux ans en D2 avant de retrouver l'élite. Moi, en coulisses, je continuais à travailler, je ramenais sponsors et soutiens. Jusqu'au jour où un homme d'affaires surgit. Je le connaissais de réputation. Il s'agissait de Bernard Tapie. Il n'avait pas l'habitude de faire dans la dentelle.

Nous étions en 1986, Gaston Defferre était à la manœuvre. Bernard Tapie racheta l'OM. Il débarqua sur le tarmac de l'aéroport de Marignane, l'œil triomphant, le torse bombé. Il ne tenait pas à partager le pouvoir. Il le voulait pour lui seul. Et promettait déjà monts et merveilles, le retour de l'OM sur la scène européenne. Le club, assurait-il, serait dans le top 4 européen dans les trois ans. Jean Carrieu fut écarté de la présidence de l'OM. Brisé, il connaîtra une fin tragique.

Moi, je compris assez vite que ma mission était terminée, que Bernard Tapie ne me ferait aucun cadeau. Au début, le nouvel homme fort de l'OM me ménageait. Il savait qu'après être venu en aide au club j'avais obtenu un contrat de quatre ans pour gérer la pub. Il devait composer avec moi. Mieux, il se persuada que nous étions faits du même bois. Il avait tout faux.

Nous ne pouvions pas nous entendre. Certains nous comparaient et nous voyaient comme des jumeaux dans le football. Comme le racontera Jean-Louis Levreau, l'homme qui fit venir Bernard Tapie à Marseille, nous étions « comme deux hommes qui, dans une voiture, veulent tous deux prendre le volant, choisir la direction, décider de la vitesse à laquelle on va rouler, si on va s'arrêter au feu rouge ou le griller. Aucun n'a envie d'être le passager de l'autre ».

Notre relation n'a pas tardé à s'envenimer. Bernard Tapie avait sa propre conception du sponsoring. Son idée était de vendre chaque match à un seul sponsor. À un prix astronomique, cela va sans dire. Charge à moi de trouver la perle rare. Une manière de me savonner la planche. Tous les quinze jours, il fallait recommencer. Une mission impossible. À défaut, il mettait à l'honneur l'une de ses sociétés : Wonder, la Vie claire. Je pouvais m'asseoir sur mes commissions. La rivalité entre Tapie et Bez était telle qu'être allié du président des Girondins de Bordeaux n'arrangeait pas les choses, évidemment.

Nous avons fini par trouver, non sans difficultés, un accord à l'amiable à défaut d'être aimable. Je suis parti. Je pouvais me flatter d'avoir sauvé un monument. J'avais de toute façon fort à faire.

Dix ans plus tard, le même scénario menaça de se répéter. Cette fois à Paris. Le PSG, héritier du Stade Saint-Germain, était au bord de la faillite. Francis Borelli, président passionné, avait donné au club ses plus belles heures : deux Coupes de France, un titre de champion, des parcours européens. Mais les caisses étaient vides, RTL, sponsor historique, s'apprêtait à se retirer. Paris, capitale sans club, c'était impensable. Mais le spectre rôdait.

J'étais encore là. Aux premières loges. Et pour cause. Depuis quelques années, j'étais le président du Parc des Princes.

Le Parc a quelque chose d'unique. Le stade est situé en plein centre-ville de la capitale, comme à l'époque ceux de Marseille, Bordeaux et Nantes, notamment. Il était surtout unique parce que c'était dans cette enceinte que se déroulaient encore les matchs de l'équipe de France de football et de rugby. Au fil du temps, il était le symbole du redressement du foot français. Personne n'a oublié la finale de la Coupe d'Europe de 1984 et ce but magnifique marqué par Michel Platini contre l'Espagne. C'est le temple de l'impossible exploit ! Depuis, il hébergeait le PSG, le tout nouveau club monté par Daniel Hechter, Francis Borrelli, Alain Cayzac et Bernard Brochand.

Propriété de la Ville de Paris depuis sa construction, la mairie en avait cédé la gestion à un concessionnaire contre le paiement d'un loyer. La gestion de la publicité avait été confiée à une société de pub appartenant au groupe Perrier. À l'échéance du contrat, la Ville de Paris avait lancé un appel d'offres. La concurrence était très forte. Tout le monde s'intéressait évidemment au Parc, véritable temple du sport. J'avais un atout et un point d'avance depuis belle lurette : je fournissais déjà des publicités au Parc des Princes par l'intermédiaire de la société filiale du groupe Perrier. Dès lors que le renouvellement de la concession était ouvert, je me rapprochai du groupe Perrier pour participer à cet appel d'offres : « Il est temps qu'on s'associe. C'est le seul moyen de gagner. »

C'est ainsi que je suis devenu le président du Parc des Princes. Une consécration. Certes, je partageais ce titre avec Michel Jazy, le célèbre champion d'athlétisme, qui, depuis sa retraite sportive, s'occupait des relations publiques du groupe Perrier avec talent. Mais je n'en étais pas moins le président. Le gardien du temple. Ma fierté était immense.

Le stade allait très vite être ma vitrine, celle qui donne envie, celle qui transcende un amoureux du foot en grand du foot !

Je suis très vite devenu le leader. J'avais toute la responsabilité commerciale, l'organisation des matchs. Nous allions d'ailleurs aller au-delà du foot et du rugby et finir par organiser des compétitions de moto-cross et des concerts (Rolling Stones, Michael Jackson et Johnny Hallyday).

Ma rencontre avec Bernard Caiazzo, leader dans le marketing téléphonique avec une société de pointe, allait m'apporter un concours essentiel à la commercialisation des loges, places VIP. Bernard était un fou de foot. D'ailleurs, il deviendrait plus tard président de l'ASSE. Alors que je le consultais pour dynamiser les loges, il me proposa de s'en occuper. Son expertise allait me permettre de vendre la totalité des places VIP disponibles à des conditions plutôt chères. Ce fut un tournant important du foot business. Avec Bernard, nous nous entendions à merveille. J'appliquais les mêmes dispositions pour les matchs organisés pour la FFR et la FFF.

Lorsque le PSG montra des signes de faiblesses, j'eus de nombreuses raisons de participer à sa sauvegarde.

Par fidélité au PSG, que je gérais depuis longtemps sur le plan publicitaire. Par amitié aussi pour Philippe Labro, le patron des programmes de RTL. Ensemble, nous avons multiplié les rendez-vous, tenté de séduire de grands groupes. Mais rien ne se concrétisait. Jusqu'à ce que je glisse l'idée à Charles Biétry.

Celui que j'avais connu comme commentateur de la chaîne cryptée était désormais le patron des sports de Canal +. La chaîne avait grandi depuis son lancement en 1984, mais cherchait toujours des coups d'éclat. Immédiatement, Charles a tiqué. Il a bien réfléchi quelques minutes, mais la graine avait déjà germé : pourquoi Canal ne rachèterait-il pas le PSG ? L'idée paraissait folle, mais elle est devenue irrésistible. Elle passait aussi par la cession de mes droits sur le contrat avec le Parc des Princes, avec évidemment une plus-value.

Pierre Lescure, directeur général de la chaîne, déjeunait au *Fouquet's*, sur les Champs-Élysées. On le fit déranger. Il quitta sa table pour décrocher le téléphone. Deux heures plus tard, nous étions avec Charles dans un salon du restaurant, à l'abri des regards et des indiscrétions. Pierre Lescure nous attendait. Il n'était pas contre. À dire vrai, il n'avait pas tardé à comprendre ses intérêts. Le PSG, c'était Paris, le Parc des Princes, une vitrine médiatique incomparable. Il a dit « oui ».

Restait à trouver un président. Charles en rêvait, mais la direction craignait le mélange des genres. Ce fut Michel Denisot, figure populaire de la chaîne, qui endossa le rôle avec un plaisir non dissimulé. Il avait déjà de l'expérience pour avoir dirigé la Berrichonne de Châteauroux de 1989 à 1991.

Le PSG était sauvé. En mai 1991, Canal rachetait le club. Les caisses furent renflouées. Paris pouvait respirer et rêver en grand. Michel Denisot devint président délégué, Charles Biétry garda un œil attentif, et moi, je savais que, là encore, j'avais joué un rôle discret mais essentiel. J'avais été le déclencheur, sinon le sauveteur, qui avait permis cette opération. J'abandonnais mon titre de président du Parc des Princes, mais Canal + me confiait en exclusivité la vente des panneaux publicitaires autour du stade. Mais ce choix, si douloureux qu'il puisse être, relevait de l'évidence. D'autant plus que l'équipe de France de football et celle de rugby allaient bientôt quitter cette enceinte de la porte d'Auteuil pour le Stade de France, dont j'avais la régie avec ISL.

Deux clubs, deux villes, deux histoires, une même logique : quand l'édifice vacille, on m'appelle. C'est ce qui me vaut aussi d'être qualifié de grand argentier du football français. L'homme du marketing, du flair, mais aussi des coups de main décisifs. Le sauvetage de l'OM et du PSG m'a propulsé dans une autre dimension. Désormais, j'étais vu comme le pompier de service, le pompier du football français, celui qui trouvait des solutions quand tout semblait perdu.

Je n'ai jamais été président de club, je ne l'ai jamais voulu. Mais, partout, j'ai été l'homme qu'on appelait en dernier recours, parce que j'étais celui qui savait convaincre, qui savait trouver de l'argent. Je savais surtout qu'un club ne doit pas mourir. Sauver un club, c'était sauver un patrimoine, une identité, une ville. Derrière chaque sauvetage, il y avait cette conviction intime : sans l'OM, sans le PSG, sans les autres, le football français ne serait plus tout à fait le même.

## 7

# Cases prison

Je me suis vu mourir.

Pas de douleur. Pas d'un accident de la route. Une autre mort, plus sournoise : celle qui vous traverse quand la porte d'une cellule se referme et qu'un clac métallique vous ôte, d'un coup sec, tout ce que vous étiez la veille – un père, un mari, un ami, un patron, un homme public.

On se persuade qu'on va tenir. On se répète qu'on n'a rien fait de mal, qu'on pourra tout expliquer, lever le moindre doute, que la raison finira bien par l'emporter. Et puis la nuit s'allonge, l'odeur épaisse vous colle au palais, des cris montent d'on ne sait où, et vous comprenez que la justice n'a rien d'une ligne droite : c'est une machine qui tremble et qui broie. C'est du Kafka. Personne ne sort de ce piège. Il n'y a pas d'issue. Aucune échappatoire. C'est une mise à mort.

Ce soir-là, j'ai vu passer l'ombre. J'ai cru mourir.

Tout avait pourtant commencé loin de moi, à Toulon. En octobre 1990, le Sporting Club de Toulon, le SCT, est perquisitionné. Roland Courbis, le manager du club, et le directeur administratif du club, Éric Goirand, sont emmenés par la financière : la police les soupçonne de détournement de fonds. Ils auraient imaginé un système de caisse noire pour payer les primes des joueurs sans rien verser au fisc. Une histoire de magouille à deux balles comme il devait en exister d'autres dans le football.

Quel rapport avec moi ? Quel rapport avec ma détention ? J'aime bien Rolland Courbis. Un type en or, un personnage attachant. Le club de Toulon fait partie de mon écurie. Je vends ses panneaux publicitaires, je noue des partenariats ; une affaire judiciaire peut apeurer un annonceur en un clin d'œil. Aussi, je suis le dossier de loin, comme on surveille un feu à la lisière du champ.

Et puis, sans que j'aie rien demandé à personne et sans que personne ait demandé mon avis contradictoire, je vois mon nom associé à leurs ennuis judiciaires. *L'Événement du jeudi* évoque un chèque de 286 000 francs, signé par mon directeur général quatre ans plus tôt, libellé – à la demande écrite du club – au nom d'un intermédiaire, Marcel Gamet. L'article décrit une enveloppe bulle avec des noms et des montants griffonnés, comme un scénario de série noire. Je tombe des nues.

Je vérifie. J'appelle Patrick Ménard, mon directeur financier : il confirme l'émission du chèque, la lettre du président de Toulon qui nous demandait de payer pour son compte un intermédiaire. Tout est tracé, comptabilisé, justifié. Rien qui mérite le pilori, ni que je m'inquiète davantage. J'étais naïf.

Le lendemain, je suis à mon siège parisien. Un appel me prévient que la brigade financière perquisitionne nos bureaux marseillais. Patrick Ménard est placé en garde à vue. Mais ce n'est pas tout. L'officier de police judiciaire achève son appel par une convocation.

« Vous êtes prié de vous présenter demain. »

Encore une fois, je ne vois pas le danger. Je ne vois pas que le piège lentement se referme sur moi. Je me présente les mains dans les poches au commissariat central de Marseille pour être entendu en ce jeudi 13 novembre 1990. J'ai la conscience droite. J'entends faire la démonstration de mon innocence et me persuade que mes réponses suffiront à lever ce qui ne peut être qu'un malentendu. D'ailleurs, je ne suis entendu que comme témoin dans l'affaire Courbis. Je suis naïf.

À l'Évêché, je ne suis pas sitôt arrivé que je suis placé en garde à vue d'entrée. Deux officiers de police judiciaire me posent des questions, je réponds. Le dactylo mitraille. Lorsqu'ils reviennent sur le fameux chèque, je sors la copie de la lettre du président du SCT.

C'est alors qu'ils font entrer Marcel Gamet dans la salle d'interrogatoire. Son visage me dit vaguement quelque chose. J'ai dû le croiser au stade. Il s'excuse : « Pardon, monsieur Darmon, vous n'y êtes pour rien. » Aux enquêteurs, il répète en boucle que la demande de libeller à son nom vient du club, pas de moi. Je respire. Il n'y a plus qu'à signer le procès-verbal. Emballé, c'est pesé.

Mais Gamet n'a pas ses lunettes. Alors je lis à voix haute le PV. Et là, stupeur : des phrases qu'il n'a jamais dites, des imputations qui n'existent pas. Ce n'est qu'un tissu de mots et de mensonges qui me charge à mort. Gamet refuse de signer. Le policier soupire : « Le juge n'aime pas les ratures… va falloir tout recommencer. »

La confrontation a fait pschitt, comme on dit. Mon interrogatoire reprend sans Gamet. L'un des enquêteurs me glisse, presque satisfait : « On a la preuve que vous avez fait des chèques à tous les présidents. Vous les avez corrompus. Ce soir, prison. » Je répète la vérité. J'explique mon métier : je gère des contrats publicitaires, j'encaisse des sommes, j'en reverse une part au club par chèque, je n'utilise jamais de cash pour ces transactions, tout est traçable. « Appelez donc ma banque, la Société lyonnaise de banque. Ils vous enverront les copies. » Il est 18 h 30, l'agence est fermée. Un retardataire décroche quand même. Je plaide ma cause auprès de mon interlocuteur. C'est le directeur de l'agence. Je ne l'ai jamais vu en dix ans ni traité directement avec lui de mes affaires, dont se chargeait très bien Patrick au quotidien, mais il comprend la situation et promet de faire remonter les archives de Lyon.

Je dors, façon de parler, ma première nuit en cellule. Mon cerveau est en ébullition. Je cherche à comprendre.

Au matin, le carton demandé la veille est posé sur le bureau. Il y a tout : les copies des chèques tirés pour les clubs, année après année. La transparence en paquet ficelé. Je m'installe, prêt à m'expliquer au franc près. « Inutile », me dit le policier. Il pousse lentement la liasse au bord de la table jusqu'à ce qu'elle tombe dans la corbeille. « Parlez-nous plutôt de Mondar. »

Mondar ? On croirait un mot de passe. C'était tout bêtement l'inversion de mon nom. DAR-MON, MON-DAR. Une société créée pour encaisser les droits TV et les reverser aux clubs, à part de mes flux publicitaires. Transparence, encore. Ils n'entendent rien. Ils veulent le coffre, la clef, l'aveu qui ferme la boucle. Ils s'impatientent, finissent par abattre leur dernière carte : « Votre directeur financier, Ménard, a tout avoué. » Pendant deux secondes, je vacille, avant de sourire à nouveau. Patrick ? L'homme le plus honnête que j'aie connu ? Impossible, car de toute façon il n'y avait rien à avouer.

On me ramène en cellule, j'arrive à dormir une heure. Un flic me réveille au milieu de la nuit pour me lire une question aussi limpide que de l'huile de vidange, ponctuée par « … et vous êtes coupable ». Il me demande de signer le PV. « C'est ma déclaration, pas la vôtre. » Mais je finis par signer le procès-verbal d'audition. J'ajoute à côté de mon paraphe, en lettres bien distinctes, que « tout est faux ». On m'a renvoyé dans mon trou. Fin de l'entracte.

À l'aube, un fourgon m'attend pour m'emmener avec les autres prévenus au palais de justice. Ils sont tous menottés, sauf moi. Des policiers en tenue me reconnaissent et manifestent un discret geste de sympathie. Marseille est une ville fidèle, qui n'oublie pas ceux qui ont pu servir l'OM.

Je monte dans la « cage ». Le fourgon passe le porche de l'Évêché sous les flashs des photographes qui cherchent à capter un cliché de celui qu'ils considèrent déjà comme l'ex-argentier du football. Dans l'obscurité des compartiments, deux voix :

« – Y a une huile avec nous.

– Où ça ?

– Tu n'as pas vu les journalistes ?

– Oh monsieur ! » Je me tasse. « C'est vous, l'huile ? » Silence. « Oh putain, il est mal barré… » Mes ennuis judiciaires ont déjà fuité.

On traverse le Vieux-Port. Il est baigné de soleil. Cette image parfaite de Marseille ne me console de rien. Bientôt, des policiers m'intiment l'ordre de les suivre.

Je descends au dépôt. Les cellules sans fenêtre semblent des tombeaux de béton. Un gardien me tend des journaux de la veille. Je suis à la une de *L'Équipe*. En grosses lettres noires est écrit : « Le scandale ». Le papier à l'intérieur parle de moi comme si j'étais Al Capone. Je découvre, stupéfait, les faux « aveux » de Patrick : malversations, fausses factures, sociétés-écrans. Les plumitifs du quotidien sportif évoquent une « nébuleuse » Darmon. Ils pointent du doigt les douze sociétés-écrans que j'aurais montées pour orchestrer mes trafics, alimenter des caisses noires à l'aide de fausses factures. Je serre les poings. On ne m'avait pas prévenu qu'au pays des droits de l'homme un articulet pouvait valoir jugement. La une de *L'Équipe* achève de me démoraliser.

Tout est parti d'une dépêche de l'AFP. Sèche et affirmative, accablante, qui annonce ma mise en examen. Je suis une évidence judiciaire. Il n'y a pas besoin de procès, je suis présumé coupable. Le crédit que les dirigeants et les journalistes de *L'Équipe* accordent à l'Agence France-Presse les décide à changer tardivement leur une. Elle aurait dû être consacrée à un déplacement de l'équipe de France en Albanie, mais ils lui préfèrent mes ennuis judiciaires. Ce qui n'était encore qu'une affaire Courbis est devenu une « affaire

Darmon », un « scandale » majeur, compte tenu de la place que j'occupais dans le foot français.

*L'Équipe* n'est pas le seul journal à s'en donner à cœur joie. *La Marseille* évoque « de l'argent jusqu'à la nausée ». Un autre journal assure que « l'empire Darmon s'écroule ». *Le Monde* à son tour évoque le scandale et assure que 600 000 francs de nouvelles fausses factures auraient été mis au jour, qui auraient notamment servi à alimenter les caisses du club de Nice… La « nébuleuse » Darmon, comme l'appelle un plumitif inspiré, c'est l'empire du crime. Des affabulations policières écrites sous la dictée par des journalistes obéissants et paresseux en diable qui semblent s'être passé le mot et se copient les uns les autres comme pour donner du crédit à leurs affabulations. L'effet boule de neige. Je suis pris dans l'avalanche. Toute la presse se fait l'écho de ce scandale qui ébranle le foot français.

Quant à moi, je fais vraiment figure d'abruti dans cette histoire. Non content d'avoir créé des sociétés-écrans pour détourner de l'argent, je les ai installées à Bordeaux, à Lille, à Lyon… Pas au Panama ni aux îles Vierges. Non, en France. Sous le regard du fisc. Je ne décolère pas de ce que je lis, des conclusions que les journalistes en tirent. Mais je comprends que tout est fait pour me détruire. Et que certains sont bien décidés à me tuer.

Pour autant, le juge Jean-Pierre Zanoto, qui m'entend à son tour dans son bureau, se montre à l'écoute. Quand je pénètre dans son cabinet, il me reçoit avec courtoisie. J'ai l'heureuse surprise d'y trouver mon ami Jean-Jacques Autissier, avocat et membre, comme moi, de la jeune chambre économique de Marseille. Dès qu'il a été mis au courant de mes ennuis, il s'est porté volontaire pour assurer ma défense. Il est accompagné de maître Lombard, un ténor du barreau marseillais, l'un des meilleurs pénalistes du moment.

Jean-Pierre Zanoto devait être l'exécuteur, celui qui achève de mettre un dernier coup de marteau à mon cercueil professionnel, mais il note immédiatement des invraisemblances dans le dossier. L'homme est intelligent. Il a le regard clair. Surtout, il aime le foot. Zanoto ne comprend pas ce qui se passe. Il s'étonne qu'on n'ait retrouvé aucun document juridique sur mes sociétés : statuts, PV d'AG, historiques… tout avait disparu. Ces pièces auraient, aussitôt, suffi à démontrer la régularité de mes montages. Il allait falloir du temps pour tout reconstituer. L'homme est curieux de détails. Comme si la vérité n'était pas aussi évidente et qu'il ne voulait pas se laisser dicter sa conduite sur la foi d'un dossier incomplet. Au fond de moi, je suis persuadé qu'il avait déjà compris que je n'avais pas tapé dans la caisse.

Ce n'est pas le cas du substitut du procureur. Pour lui, l'affaire est entendue. Il demande mon maintien en détention provisoire. Comme s'il fallait que je reste en prison pour attester de ma culpabilité aux yeux de l'opinion. Jean-Jacques Autissier proteste, argumente, plaide. Il y a des trous béants dans le dossier de l'instruction. Jean-Pierre Zanoto écoute. Mais il finit par me signifier ma double inculpation pour abus de biens sociaux et faux et usage de faux en écriture privée. Cependant, il ne consent pas à satisfaire le substitut du procureur, qui demandait un mandat de dépôt. Le début d'une marche arrière. Sous contrôle judiciaire, je suis libre de partir, sous réserve que je m'acquitte d'une caution. Je n'avais que le cinéma américain pour référence, n'ayant jamais été confronté à la justice : « Un million », ai-je répondu, persuadé que c'était la règle. Je ne l'avais même pas. Ce sont Alain Afflelou et un voisin, Jean-Pierre Bansard, qui m'ont prêté l'argent. Il y a des fidélités qui vous serrent la main au bon moment.

Dehors, Jacky, mon beau-frère, m'attendait.

J'ai fui ce déluge pour me réfugier dans la grande synagogue de Marseille, rue Breteuil. Nous sommes vendredi soir. C'est shabbat. Il n'y a déjà plus personne. Je suis seul. Je me suis assis à la place où se tenait des années plus tôt mon père, sous l'escalier. Le silence m'a tenu les épaules. Je ne peux pas dire que j'ai jamais été un bon pratiquant sans prendre le risque de mentir effrontément. Je ne pratique véritablement qu'à Kippour et Pessa'h, mais j'ai toujours cru en Dieu. Surtout dans ces moments d'accablement et d'injustice. J'avais besoin qu'il me manifeste sa présence et son soutien, et surtout qu'il me sorte de ce mauvais pas, parce que je n'avais rien fait. Je ne saurais comment le décrire, mais, au-delà d'un certain apaisement que je ressentais, je compris que je n'étais pas seul.

Les jours suivants, des téléscripteurs ont crépité au bureau : les clubs, les fédérations, les amis. Tous me connaissaient assez pour ne pas douter de mon honnêteté et de ma bonne foi. Mais je n'en étais pas moins K-O debout. Pour un voyou, une garde à vue, c'est un accident du travail. Mais, pour moi, c'était un séisme personnel. J'avais peur des regards, quand le plus souvent je les avais recherchés. Mais je n'étais pas prêt à me laisser abattre.

La presse continuait son office. Quoique j'eusse été libéré sous caution, *Le Parisien*, dans son édition dominicale, titrait sur l'inculpation de Monsieur Pub : « Comment Darmon dribblait avec l'argent sale du foot ». *L'Équipe* aussi s'acharnait à me condamner sans autre forme de procès, sans même que je puisse me défendre, donner ma version des faits.

Dans l'ombre, certains jubilaient. « Celui-là, on a fini par le gauler. C'est dans ces moments-là que je me félicite d'être clean. » L'homme qui s'adresse au téléphone à Gérard Ernault, alors directeur de la rédaction de *L'Équipe*, comme ce dernier devait l'admettre des années plus tard dans un documentaire de Canal +, n'était autre que Bernard Tapie.

C'est pourquoi je suis allé voir le directeur général de *L'Équipe*, Jean-Pierre Courcol. Je lui ai dit que je me réservais le droit de déposer plainte contre son journal et contre l'AFP, à moins qu'il ne me donne sa parole d'homme que, le jour où mon innocence serait établi, il consacrerait autant de place à ma réhabilitation qu'il en avait donné à m'abattre. Il a promis.

De mon côté, je repris mes affaires. Je me tuais au travail. Mais mes affaires judiciaires n'étaient pas sans conséquence. Un mois après mon inculpation, je devais accompagner le FC Nantes à la mairie pour parler subvention. À Orly, au moment de décoller, le club recevait un message de Jean-Marc Ayrault, le maire socialiste de la ville : « Je ne reçois pas un inculpé. » On m'a fait descendre de l'avion. Voilà ce que la rumeur fait aux hommes : elle les transforme en colis suspect. En pestiféré.

La suite, elle tient en trois mots : double non-lieu. Après des mois d'enquête, de vérifications, le juge Zanoto a lavé mon nom des accusations qui pesaient sur moi. Au passage, Patrick Ménard, que certains journaux avaient transformé en « balance » de mes turpitudes imaginaires – au point que son fils lui-même, pendant plusieurs jours, avait refusé de lui adresser la parole –, était lui aussi innocenté. Je l'ai vu repartir au travail sans un mot d'amertume : les grands professionnels n'ont pas le temps de la haine.

Le 16 juin 1992, *L'Équipe* faisait état de mon innocence à sa une : « Inculpé et innocent ». Jean-Pierre Courcol avait tenu sa parole. Mieux, lui qui ne prenait jamais la plume se fendait même d'un billet pour présenter ses excuses. « Aujourd'hui qu'il a obtenu un non-lieu, nous regrettons ce que nous avons écrit à l'époque, même si le juste combat que nous menons contre la mauvaise utilisation de l'argent dans le sport peut justifier certaines erreurs. Celle-ci était de taille, et je présente à Jean-Claude Darmon et à vous, lecteurs, à l'un pour l'avoir meurtri, à vous pour vous avoir donné – exceptionnellement – une mauvaise information. » Une contrition publique qui manifestait sa grandeur d'âme. Tout le monde n'a pas eu cette élégance.

Reste que la calomnie laisse toujours un dépôt.

Je n'ai pas cessé, depuis, de réfléchir au prix payé.

On me dit parfois : « Tu occupais trop de terrain. » Peut-être. J'ai construit, inventé un métier. Je négociais avec les chaînes, les clubs, les villes, les annonceurs. À force de prendre de la place, j'avais suscité des jalousies, des rancœurs. Mais je n'imaginais pas que cela puisse se traduire par la volonté de certains de me détruire.

Un jour, une amie qui fréquentait un proche du pouvoir a entendu qu'au sein de la Mitterrandie certains voulaient me « faire la peau ». Je n'ai pas de preuve. J'ai des morceaux de phrases, des regards en coin, et l'expérience des coups qui partent en biais. J'ai bien mon idée. À quoi bon parler des morts.

Cette épreuve m'a aussi appris qui j'étais et sur qui je pouvais compter. Il n'y a pas de destin linéaire. Je crois que Claudel a écrit un jour que « Dieu écrit droit avec des lignes courbes ». C'est vrai. Il fallait peut-être que je me fracasse pour mieux me relever, pour poursuivre mon ascension.

En tout cas, cette expérience de la prison, je ne devais jamais l'oublier. Passer par la case prison vous marque. Je l'ai vu avec Claude Bez.

Claude avait fait des Girondins de Bordeaux le club phare des années 80. Trois titres, deux Coupes, huit ans d'Europe. Puis la chute. Des comptes en vrac, une condamnation : trois ans dont deux avec sursis, deux millions d'amende. Il ne s'était pas enrichi sur le dos du club. Il avait aimé trop fort, dépensé trop vite.

Je suis allé le voir à la maison d'arrêt de Gradignan. Je l'ai vu arriver de l'autre côté d'un couloir sombre. Des petits pas, des épaules voûtées, la tête basse jusqu'au parloir. Il m'a vu, il s'est jeté contre moi, il a pleuré. Moi aussi.

On s'est assis derrière un rideau, comme dans un isoloir. Je lui ai parlé de foot, de la vie dehors, de demain. Il est sorti quelques semaines plus tard. Je l'ai emmené voir des matchs de la Coupe du monde 1998 au Parc. Il avait perdu quelque chose d'irremplaçable. Le 26 janvier 1999, son cœur s'est arrêté. Ce jour-là, j'ai pensé que la prison tue autrement.

# 8

# Le miracle de la santé

Je n'ai jamais accepté une situation sans la questionner, sans chercher le sens caché derrière l'évidence. Ce trait de caractère m'a souvent valu des surprises… et parfois des miracles. Celui-là, je ne suis pas près de l'oublier.

L'un de mes plus proches collaborateurs, un homme loyal et compétent que j'avais recruté deux ans auparavant, s'était retrouvé dans une situation tragique. Dans son précédent emploi, il avait commis, sur ordre de son supérieur, une erreur lourde de conséquences. Une faute de gestion, qualifiée d'abus de biens sociaux, qui allait le mener droit en prison.

Le verdict est tombé en 1996 : trois ans ferme avec mandat de dépôt.

Un choc. Pour lui, d'abord, mais aussi pour moi, pour toute l'équipe.

Je savais que cet homme n'était pas un escroc, encore moins un profiteur. C'était un professionnel, droit, talentueux, passionné. L'idée qu'il passe trois ans derrière les barreaux, inutile, brisé, m'était insupportable. Alors, au lieu de me résigner, j'ai fait ce que je fais toujours dans les moments de crise : j'ai réfléchi autrement.

Je me suis souvenu que l'administration pénitentiaire permettait aux détenus de fabriquer des espadrilles pour des entreprises extérieures. Si l'État autorisait le travail manuel, pourquoi refuserait-il le travail intellectuel ?

Et si, plutôt que de le laisser se consumer dans l'inaction, je lui permettais de continuer d'exercer son métier, depuis sa cellule ?

L'idée paraissait folle. Elle l'était.

Mais j'ai pris ma plume et j'ai adressé une proposition officielle à la direction de la prison de la Santé : que l'on me « loue » mon collaborateur pendant toute la durée de sa détention. À ma grande surprise, après de longues discussions, l'administration pénitentiaire a accepté, moyennant une indemnité mensuelle, partagée entre l'État et lui.

La cellule contiguë à la sienne fut transformée en un bureau improvisé. Chaque jour, un de mes cadres lui apportait des dossiers et en repartait avec ses notes, ses analyses, ses décisions. Deux fois par semaine, je franchissais moi-même les portes de la prison de la

Santé. Là, dans cet univers clos, entre les murs épais et derrière les verrous, nous travaillions comme si nous étions dans un bureau du siège.

C'était absurde, surréaliste, mais terriblement humain.

Un jour, j'ai même convaincu l'émissaire d'Albert Frère, alors l'homme d'affaires le plus puissant de Belgique, de m'y accompagner. Il s'agissait de finaliser le rachat de 25 % de mon groupe. Bruno Chauvat refusait pourtant catégoriquement de mettre un pied dans une prison. Je lui ai dit calmement :

« On signe à la Santé ou on ne signe pas. »

Il a fini par venir. Et c'est dans la cellule de mon collaborateur que fut accepté ce contrat majeur, pierre angulaire de l'avenir de mon entreprise.

Le matin de sa libération, un juillet clair, le soleil baignait la façade grise de la Santé. La grande porte s'est ouverte. Il est sorti, silhouette plus fine, regard plus profond.

Je l'attendais. On s'est serrés dans les bras, longtemps, sans dire un mot.

Puis je lui ai dit simplement :

« On va prendre un petit-déjeuner au *Fouquet's.* »

Et, comme si de rien n'était, nous avons repris le travail.

Ce jour-là, j'ai compris que l'intelligence du cœur pouvait parfois être plus forte que toutes les lois.

Ce n'était pas seulement un geste de fidélité ; c'était une manière de dire que l'homme ne se réduit jamais à ses erreurs, et qu'avec un peu de confiance, même une prison peut devenir un bureau, et même une faute, une seconde chance.

Oui, un miracle a bien eu lieu à la prison de la Santé. Et ceux qui n'y croient pas… ne sont tout simplement pas réalistes.

# 9

# La bourse et la vie

J'y songeais depuis longtemps. Entrer en Bourse devenait une nécessité pour continuer à grandir et rivaliser avec la concurrence européenne.

Avant d'y arriver, j'ai mis la maison au carré. J'y ai mis les pieds avec l'humilité d'un artisan qui vient mesurer son ouvrage au regard des autres. Il a fallu apprendre la liturgie financière, le langage des analystes, la grammaire des « road shows ».

Mais il y avait dans cette volonté d'entrer en Bourse un choix plus personnel. Intime presque. Cela faisait vingt-cinq ans que je bossais comme un fou, sans jamais ménager ma peine. J'avais inventé un métier, anticipé le futur, traversé les épreuves et supporté les coups bas, jusqu'à la prison.

Rien ne m'avait empêché de me lever à l'aube avec l'envie d'attaquer une nouvelle journée. J'aimais passionnément ce que je faisais. Je gagnais de l'argent. Plus que je n'aurais jamais pu l'imaginer. Je pouvais m'acheter de belles voitures, prendre un jet si je le voulais, quand j'avais débuté en faisant du stop pour honorer mes rendez-vous, partir aux Seychelles, aux Maldives ou à Saint-Barth, quand je n'avais, gamin, pour seul horizon que le bitume de L'Isle-Adam. Mais ce n'était pas mon moteur dans l'existence. La Bourse pouvait m'apporter plus de ressources, c'est vrai, plus d'argent, comme l'introduction de ma société pouvait se révéler ruineuse pour mes finances en cas d'échec.

Ce que je cherchais, c'était une fois encore la reconnaissance. À ceux qui sont nés avec une cuillère d'argent dans la bouche et qui me prenaient toujours pour un vendeur de cravates, je voulais montrer ce que j'avais réalisé.

Je me souviens de ce matin où j'ai demandé à Thierry Roland d'ouvrir la séance devant un parterre d'experts trop sérieux pour moi : en dix minutes, il a raconté ma vie mieux que je ne l'aurais fait, mon enfance, les docks, mes panneaux bricolés à Nantes, la patience, les coups d'audace, la méthode.

Les gens ont applaudi. J'ai respiré. C'était une manière de me voir reconnu.

Je n'avais pas peur. Patrick Ménard, mon directeur financier, avait réalisé un travail remarquable pour présenter la situation économique de notre société. Nous étions prêts. Nous pouvions, en 1996, compter sur un chiffre d'affaires de 766 millions de francs.

Entrer à la Bourse de Paris, ce n'était pas chercher des paillettes : c'était discipliner notre croissance, montrer nos comptes, assumer notre ambition. Je n'étais plus un commerçant malin, rusé, qui vend des panneaux publicitaires : j'étais le patron d'un groupe, avec une vision, des process, des équipes, et la pression du marché et ses échéances trimestrielles.

Nombreux étaient ceux qui m'avaient fait des offres. Le développement du Groupe Jean-Claude Darmon suscitait des convoitises. Dès les années 1980, Horst Dassler en personne, le puissant patron d'Adidas, m'avait sorti le grand jeu pour me convaincre de lui vendre des parts de ma société. Mon refus valait déclaration de guerre. Faute de pouvoir me racheter, Adidas allait monter de toutes pièces sa propre structure, International Sport and Leisure (ISL), pour me faire concurrence. Avec la volonté de m'anéantir.

L'une des premières opérations en France vise le club des Girondins de Bordeaux, jusqu'alors sous contrat avec moi. Pour s'emparer de la régie publicitaire du club, ISL met sur la table une montagne d'argent. Je ne peux pas suivre. Dassler, tout heureux de ce joli coup, invite les dirigeants bordelais à dîner dans les salons de l'hôtel Scribe, un palace parisien. Il y a là Claude Bez, le président, et Didier Couécou, son directeur sportif. Au moment de trinquer pour sceller cette nouvelle collaboration, Dassler se lâche. En plus de son immense satisfaction, il annonce son intention d'avoir ma peau. En entendant ces mots, Claude Bez se lève d'un bond : « Darmon est mon ami, nous traitions une affaire, pas un règlement de comptes. Vous allez me trouver sur votre chemin, on verra qui aura la peau de l'autre. » Horst Dassler n'aura ni Darmon, ni Bordeaux.

Mes relations avec Adidas étaient déjà compliquées, elles n'allaient pas s'arranger après le décès du patron de l'équipementier en 1987, puis le rachat par Tapie en 1990. Il me faudra attendre l'arrivée de Robert Louis-Dreyfus aux commandes de l'entreprise, en 1993, pour enterrer la hache de guerre.

Dassler n'était pas le premier ni le dernier à vouloir mettre la main sur mon empire.

En mode amical, Martin Bouygues craignait que je n'entre en Bourse. Son père, m'avait-il confié un jour, l'avait toujours regretté. Alors il était prêt à envisager une association stratégique entre TF1 et mon groupe. J'étais prêt à y souscrire si Canal + participait également à cette association. Les relations exécrables entre les deux groupes achevèrent de rendre la chose impossible.

J'ai approché Rupert Murdoch. J'imaginais que mon association avec ce magnat des médias, riche à milliards, présent sur tous les continents, pourrait avoir un effet démultiplicateur pour mes activités. Mais j'étais loin de me douter qu'il pût lui aussi être intéressé par un mariage. Pourtant, un jour, je décrochai mon téléphone qui sonnait : c'était Rupert Murdoch *himself* qui était à l'autre bout du fil. Il était de passage 24 heures à Londres, voulait me voir pour discuter affaires. Je regardai mon agenda. C'était impossible pour moi de me libérer du jour au lendemain. Qu'à cela ne tienne, le patron de News Corporation, l'empereur des médias, proposait de différer son départ. J'hallucinais.

Je me déplaçai donc avec l'un de mes collaborateurs, qui parlait un anglais parfait. Arrivés à Londres, deux proches collaborateurs de Murdoch nous soumettent à la question. Je répondis, mais je me lassai vite de donner des informations qui étaient déjà publiques. J'avais l'impression de perdre mon temps face à des interlocuteurs qui, par leur ignorance de mes activités, trahissaient leur peu d'intérêt pour ma société. Je me levais pour couper court à cet échange inutile quand Rupert Murdoch fit son apparition. Je ne sais pas où étaient cachés les caméras et les micros dans la pièce, mais il est vraisemblable qu'il n'avait rien loupé de l'interrogatoire. Les choses sérieuses pouvaient commencer.

Murdoch manifesta son intérêt et n'y alla pas par quatre chemins. Il voulait monter au capital de mon groupe. Restait à définir les modalités. J'expliquai que je devais y réfléchir. Il m'assura qu'il en ferait autant.

Une fois de retour à Paris, j'imaginais pouvoir lui céder 10 à 15 % du groupe. « Pas du tout, Jean-Claude, je veux 40 % », me dit-il quelques jours plus tard au téléphone. Je déclinai son offre. Je voulais bien d'un partenaire qui m'aiderait à développer mon groupe à l'international. Mais je ne voulais pas perdre le contrôle.

Puis vint le tour du fils Kadhafi. Le rejeton du dictateur libyen me fit la danse du ventre pour faire affaire avec moi et me donna rendez-vous à Paris, au George-V.

Avec un aplomb incroyable, Saadi Kadhafi ne s'embarrassa pas de salamalecs. Il alla droit au but. « Je vous propose de travailler avec moi, en mettant de côté toute question politique. » J'ajoutai aussitôt : « et toute considération religieuse ». Impassible, Saadi Kadhafi ne releva pas ma remarque et poursuivit. « J'ai l'intention de créer une chaîne de télévision panafricaine entièrement consacrée au football. Vous avez les droits. J'ai l'argent. Faisons une association. » Je n'eus pas besoin de réfléchir pour lui répondre : « J'ai les droits, effectivement. Mais j'ai aussi l'argent. Au revoir. » Au grand dam de Jean-Louis Dutaret, qui m'accompagnait et pensait que j'allais conclure une nouvelle affaire.

J'ai résisté aux amis comme aux prédateurs. Jusqu'à me rendre à l'évidence pour ne pas mettre en péril ce que j'avais bâti : il fallait grossir. Entrer en Bourse. J'avais l'idée. Fallait-il encore que je rencontre la bonne personne capable de m'aider dans cette entreprise. Ce fut Louis Thannberger, un spécialiste de l'introduction en Bourse.

Le 5 décembre 1996, c'est chose faite. Les 15 % d'actions mises sur le marché se vendent en un clin d'œil. La demande atteint soixante fois l'offre. Une réussite qui ne se démentira pas et que le premier titre des Bleus en 1998, auquel j'étais intimement associé, viendra décupler. Il faut dire que j'étais l'un des seuls à croire en cette victoire de la France en Coupe du monde.

Albert Frère, avisé homme d'affaires, est à l'affût. L'industriel belge a fait fortune dans la sidérurgie avant de se diversifier, en particulier dans les médias. Son groupe est propriétaire de la Compagnie luxembourgeoise de télévision (CLT), dont dépend la station de radio RTL, et contrôle en partie l'entreprise allemande de droits sportifs UFA Sports, mon concurrent le plus féroce en Europe. Alors, quand Bruno Chauvat, le bras droit d'Albert Frère, m'appelle pour amorcer une discussion et des négociations, je ne tarde pas à voir l'intérêt de notre attelage. L'association a du sens. Elle nous consoliderait en Europe. Elle répond à trois réalités simples : les diffuseurs sont transnationaux, les marques raisonnent en plans multi-pays, et les compétitions voyagent. À partir de là, l'équation est claire : soit vous restez un acteur agile mais local et vous subissez la taille des autres ; soit vous mettez vos forces en commun et vous pesez sur le prix.

Les calculs sont faits : je lui cède 25 % du capital.

Cette première opération parfaitement menée m'encourage à aller plus loin. Le groupe Jean-Claude Darmon a été le premier en France. L'entrée des Allemands nous place dans le peloton de tête européen. Il reste le monde à conquérir. Et j'ai ma petite idée. Ce sera la prochaine marche, la dernière, à gravir. Elle est haute, mais j'ai encore de bonnes jambes. Alors j'y vais.

Pour cette ultime étape, il me faut trouver des associés solides. Je jette mon dévolu sur Sport Plus, la filiale de Canal + qui gère les droits sportifs, et sur UFA Sports, déjà associé dans le groupe. Sauf que, cette fois, je propose aux deux sociétés de fusionner purement et simplement avec moi pour fonder le leader mondial des droits sportifs.

Après les accords de principe des dirigeants, les avocats se mettent au travail afin de préparer la fusion. Cette opération d'envergure nécessite un accord de la Commission européenne de Bruxelles, très pointilleuse sur le respect des règles de la concurrence. Mes collaborateurs bossent comme des fous pour fournir un dossier nickel. De leur côté, les fonctionnaires européens mènent leur enquête. Ils interrogent nos concurrents, nos clients, évaluent l'impact qu'aura la fusion sur le marché.

Après plusieurs mois de travail, l'heure du verdict approche. Mais, selon nos avocats, l'affaire se présente mal. La Commission aurait l'intention de demander un réexamen de notre demande.

Lors d'une réunion de crise avec Pierre Lescure et Didier Bellens, le patron de RTL, je propose d'aller plaider notre cause directement à Bruxelles. « Qu'est-ce qu'on risque ? On n'a rien à perdre. » Les deux se retirent un instant pour consulter leurs conseils par téléphone. Au retour, c'est deux fois non. Les avocats leur ont dit de ne surtout pas y aller. « Tant pis, j'irai seul. » Moues dubitatives en face de moi.

Je prends contact avec les services du président de la Commission européenne, Romano Prodi. Par chance, l'économiste qui travaille sur notre dossier à la Commission, Valérie Rabassa, est française. Au téléphone, elle tombe des nues.

Ce n'est pas dans les usages, lorsque la Commission examine un dossier, que le principal intéressé s'invite dans les discussions. Mais je crois que le charme opère. Elle est tout à la fois décontenancée et curieuse de ma démarche. Elle ne raccroche pas. M'interroge. Mieux, elle accepte d'intercéder auprès de Mario Monti pour qu'il me reçoive avant que la commissaire chargée d'examiner le projet représente un rapport défavorable devant la Commission. En effet, selon ses dires, elle serait alliée à notre concurrent allemand, le groupe Kirch. Mes ennemis sont puissants et cherchent à toucher les membres de la Commission pour faire capoter le deal. Il y a urgence.

Elle tient sa promesse. J'obtiens un rendez-vous avec le commissaire Mario Monti. Jean-Louis Dutaret, mon directeur général, me propose de monter une « task force » avec les avocats. Je refuse. Des avocats, les commissaires en voient toute la journée. Je veux qu'ils entendent, pour une fois, la voix d'un homme qui leur parle de sa vie, de son entreprise, de ses rêves, de ses projets.

Le jour de l'audition, je me présente seul dans la grande salle du Conseil. Jean-Louis, qui a tenu coûte que coûte à m'accompagner, est resté dans la salle d'attente. Le président de séance est en face de moi, entouré de huit membres de la commission. Le rapporteur, l'Anglaise d'origine pakistanaise qui ne me veut pas beaucoup de bien, se tient sur ma gauche. Je me lance. J'explique la situation. Les tentatives de mes concurrents pour faire échouer cette fusion qu'ils redoutent. Je sens que je me bats dans le vide, qu'après deux heures et demie de palabre je ne suis pas encore parvenu à inverser la tendance. « Du noir, vous êtes passé au gris », me dit Monti, qui fait mine de se lever, comme pour bien signifier que la séance est levée. Je le coupe, immédiatement. « Président, on n'a jamais vu le gris se transformer en blanc. » Je change de stratégie. Je raconte mon histoire, mon parcours depuis Oran, les docks, le travail presque artisanal qui est le mien, les panneaux… l'aventure entrepreneuriale d'un homme parti de rien, qui transforme l'économie du sport, sauve jusqu'au football africain. J'achève ma plaidoirie en expliquant : « Monsieur le président, vous n'aurez aucune gloire à me tuer. » Puis ils me posent des questions. La séance dure quatre heures. Lorsque, enfin, le président décide de clore les débats, je suis vidé. J'ai tout donné. Je veux croire que j'ai convaincu. Ce que je sais, c'est que la chaleur est passée. Avant de me raccompagner à la porte, Mario Monti m'interpelle une dernière fois. « Monsieur Darmon, mon fils joue à Molenbeek, alors que j'aurais adoré qu'il joue à Anderlecht. » Je le regarde dans les yeux et je lui dis : « Président, vous vous trompez, votre fils joue à Anderlecht. » Il s'est mis à rire.

Je n'avais plus qu'à attendre le verdict. À Jean-Louis, qui m'interroge, je sers le langage qu'il a envie d'entendre. Il était convaincu que c'était une mauvaise idée que je vienne seul plaider notre cause. Il s'énerve. « Je t'avais dit d'y aller avec des avocats ! » On rentre à Paris.

Durant le trajet en Thalis, le doute s'est insinué dans mon esprit. C'est le moral en berne que je mets le pied sur le quai de la gare du Nord. Alors, comme chaque fois dans ces cas-là, je me réfugie à la synagogue de la rue Buffault. En cours de route, mon pote Gérard Darmon – presque mon frère – m'appelle. Il se propose de m'y accompagner. Et nous voilà tous les deux, assis dans notre coin habituel. Je prie à ma façon, on parle un peu, on médite. Ce temps de réflexion m'apaise toujours. Lorsque je ressors une heure après, je me sens bien, en paix avec moi-même. J'ai fait ce que je devais, le reste ne m'appartient pas.

Le retour à la vie normale s'accompagne d'un geste rituel, la remise en service de mon téléphone portable. L'écran affiche 4 messages en absence. Premier appel, la directrice de cabinet du président de la commission. « Jean-Claude, tu as gagné. Le président me demande de trouver un juge pour te signer l'ordonnance dans la nuit, quoi qu'il advienne. Surtout, n'en parle à personne. Mais c'est fini, tu les as pliés. » Je suis fou de joie. Deuxième message, Jean-Marie Messier, président de Vivendi, la boîte qui détient Canal +. « Pons, le commissaire français à la Commission, a dit que tu avais gagné. Tu es un génie. » Troisième message, Pierre Lescure, patron de Canal + : « Je suis fier de toi », puis sa voix s'entrecoupe de sanglots et il raccroche. Quatrième message : Denis Olivennes, numéro deux de Canal. « Jean-Claude, excuse Pierre, il pleure d'émotion, mais moi aussi j'ai envie de pleurer. Rappelle-nous d'urgence. »

J'ai gagné. En 2001, la fusion de Sport Plus, UFA Sports et groupe Jean-Claude Darmon donne naissance à Sportfive, le premier groupe mondial de droits sportifs. Une consécration. J'en serai le président jusqu'en 2004 avant de revendre mes parts et de me retirer des affaires. La bourse et la vie. La vie. Enfin.

# IV

# À LA FOLIE

## 1

# Bande à part

C'est ma manière d'être au monde. Je n'aime pas être seul. Je ne peux pas imaginer partir en voyage seul. J'en suis incapable.

J'aime vivre en bande. À quoi bon vivre si ce n'est pour pouvoir partager, partager des sentiments, des émotions, des passions. Rire, pleurer, chanter à plusieurs. « L'homme est un animal social », professait Aristote. Ce n'est pas moi qui vais lui donner tort. J'ajouterai seulement qu'il ne me déplaît pas d'être le roi de cette jungle.

À l'aube du passage à l'an 2000, justement, j'ai décidé de fêter l'avènement du nouveau millénaire en Afrique, d'organiser un safari. Comme je suis un maniaque du détail et que je ne veux rien laisser au hasard, je suis parti une première fois en reconnaissance un an auparavant afin de visiter les lieux, de mesurer l'intendance nécessaire à cette expédition, de m'assurer du confort des lodges, de la robustesse des 4x4. Direction donc la Tanzanie et Zanzibar en éclaireur...

Initialement, j'avais tablé sur un voyage à quatre couples. Je ne voulais pas me transformer en gentil animateur du Club Med. Mais comme je ne sais pas dire non aux amis, encore moins à ma femme, nous avons finalement embarqué à plus d'une douzaine. Direction la Tanzanie, pour un safari d'abord, avant de rejoindre les plages de Zanzibar. Il y avait Johnny Hallyday et Laetitia, Pierre Arditi et Évelyne Bouix, Daniel Ceccaldi et son épouse, Laurence, Ticky Holgado, Charlotte Rampling et son compagnon, Jean-Noël Tassez, Jean Benguigui, Marie-José, ma meilleure amie, accompagnée de son fils et quelques autres. Muriel Robin devait nous rejoindre à Zanzibar. Le casting de cette aventure s'est étoffé plus que de raison. Tous ne se connaissaient pas encore et ne se fréquentaient qu'à l'occasion. Une équipe d'acteurs, d'humoristes, de vedettes comme je les aime et avec qui j'entretiens des relations extrêmement fortes. Mais j'étais le maître d'œuvre de cette aventure, leur seul dénominateur commun.

Le voyage promettait d'être une immense fête. Je le voulais inoubliable. Ce n'est pas tous les jours qu'on change de millénaire. Il le fut. Mais pas tout à fait comme je l'avais imaginé. D'abord parce qu'au dernier moment, du moins dans les jours qui ont précédé notre départ, un certain nombre de changements ont été effectués par le tour-opérateur qui m'avait aidé à organiser ce safari. Après un arrêt et une nuit au Sofitel de Dodoma, la capitale de la Tanzanie, nous avons rejoint notre camp de base à bord de petits avions qui se sont posés sur une piste perdue au milieu de la savane. À peine débarqués, des Land Rover nous attendaient pour nous conduire à travers la brousse jusqu'à notre campement.

Pour des raisons qui m'échappent encore, notre safari débutait dans un camp en altitude, au pied du mont Makarot, qui culmine à 3 100 mètres d'altitude. Le campement, luxueux, venait à peine d'être inauguré. Nous étions les premiers à en prendre possession pour la nuit.

De nos lodges, nous pouvions espérer voir des éléphants, des girafes, des gnous, des buffles ou des gazelles s'abreuver dans un torrent qui coulait en contrebas. Je disposais d'un logement perché dans un arbre. L'Afrique s'offrait à nous depuis nos tentes et nos hôtes étaient bien décidés à rendre notre séjour agréable.

Une belle table avait été dressée. Sans même que nous ayons rien commandé, des dizaines de plats nous furent servis. La nuit était douce et l'ambiance au beau fixe. Ticky Holgado et Jean Benguigui n'avaient pas leur pareil pour mettre de l'ambiance. Je n'étais pas en reste, chambreur comme je sais l'être. Johnny poussait la chansonnette et nous lui donnions le change.

Nos voix couvraient encore l'écho des savanes, mais, sitôt que nous rejoignions nos tentes, nous pouvions entendre, comme rôdant dans le camp, des crocodiles et des lions qui s'aventuraient dans les parages.

Le lendemain, au petit matin, nos guides étaient venus nous chercher pour ne rien louper du spectacle qui nous attendait. Pour multiplier nos chances de voir des animaux sauvages, il était décidé que nous nous séparerions dans le parc afin d'être plus discrets dans nos approches des fauves. Quatre Land étaient à notre disposition. Je partis avec Johnny, équipé et fringué comme s'il avait toujours vécu dans la brousse. Il ressemblait à Clint Eastwood dans *Chasseur blanc, cœur noir*. Laetitia et Léa, ma femme, se serraient avec nous dans notre 4x4. Notre driver se révéla bien vite extrêmement doué. Nous ne roulions pas depuis dix minutes qu'un éléphant surgit sur la piste. « Une femelle », nous fit remarquer notre driver. Elle barrissait, menaçante, les oreilles déployées, nous barrant la route jusqu'à ce que ses petits l'aient traversée, sous la protection d'un mâle dominant qui fermait la marche. Quelques instants plus tard, nous pouvions bientôt observer des lionnes à l'affût. Elles chassaient des gnous qui ruminaient. Le troupeau se déplaçait avec indolence, comme inconscient du danger. Les lionnes ne devaient pas manquer leur proie. L'attaque fut éclair. Le gnou qu'elles avaient ciblé n'avait aucune chance de s'en tirer. Nous avons assisté du plus près que nous le pouvions à leur festin. Le lion se tailla la part du roi, avant que les lionnes, à leur tour, se chamaillent sur la bête.

Nous nous apprêtions à rejoindre notre camp pour déjeuner quand Léa, la première, manifesta des signes inquiétants. Elle se tenait le ventre à s'en tordre de douleur. « Tu as mangé quelque chose qui n'est pas passé ? » Nous tentions, l'un après l'autre, de comprendre ce qu'elle pouvait bien avoir « Non, non, j'ai mangé comme vous ! », balaya-t-elle. Elle voulait descendre du Land. Notre chauffeur, qui ne voulait pas prendre le moindre risque, lui demanda de patienter jusqu'à ce qu'on arrive au campement.

En arrivant au camp, nous retrouvâmes le reste de la bande. Ils nous attendaient avant de passer à table. Mais nous n'étions pas installés que Laetitia tombait évanouie. Marie-José, qui était arrivée quelques minutes plus tôt, étincelante dans sa robe blanche, tombait à son tour comme une mouche, séchée en plein vol. Et ce n'était que le début. L'un après l'autre, mes invités montraient des signes d'une extrême faiblesse. Une véritable hécatombe. La tribu se décomposait. Après trente minutes, il ne restait plus sur pied que Johnny, Ticky Holgado, Évelyne Bouix et Charlotte Rampling.

Il fallait se rendre à l'évidence : si nous n'étions pas touchés comme les autres, c'est qu'il devait y avoir une raison. Je n'étais pas trop étonné que Johnny compte parmi les survivants. Johnny, c'est un roc. Un autre que lui serait déjà six pieds sous terre, mais lui, je le connais, il pourrait avaler cinquante kilos de piments et des litres de whisky, qu'il ne serait même pas pris de tremblements. Même les moustiques ne l'approchent pas sans craindre pour leur santé. Le cas d'Évelyne Bouix est plus mystérieux. Elle est d'une vitalité inépuisable. À table, ce n'est jamais la dernière pour se servir et finir les plats. Et, quoique toute menue, elle est l'une des seules à pouvoir rivaliser avec mon appétit. Mieux, je crois pouvoir dire qu'elle mange dix fois plus que moi. Il semble que sa bonne constitution l'ait épargné du virus qui s'est abattu sur notre tribu et je la vois aller et venir auprès de tout le monde, pour s'enquérir de leur santé, les aider à s'hydrater. Quant à Ticky Holgado et moi-même, nous sommes chargés comme des mules. Ticky a des médocs à la pelle pour soigner un mauvais cancer contre lequel il se bat depuis plusieurs années. Quant à moi, j'ai chopé une grippe dévastatrice à quelques jours de notre départ pour l'Afrique. J'ai demandé à des amis médecins une ordonnance longue comme le bras pour m'aider à tenir, parce qu'il était hors de question que j'annule ce voyage ou que je sois diminué pendant notre séjour. Visiblement, les médicaments que je prends m'immunisent.

Reste que la situation était inquiétante pour les autres. Alarmante même. Sur place, il n'y avait aucun service médical à même de nous prendre en charge.

Heureusement, nous avions un téléphone satellitaire. Je demandai le renfort de *flying doctors*. Ils sont venus du Kenya, avec tout l'équipement nécessaire, pour nous secourir. Il fallait faire vite. Sur place, mes amis étaient à l'agonie et nos efforts pour tenter de les soulager se révélaient insuffisants. Notre campement ressemblait à une infirmerie sur un champ de bataille. Johnny, Charlotte, Ticky, Evelyne et moi, nous allions de chambre en chambre. On essayait de les faire boire, de veiller à ce qu'ils s'alimentent.

En l'espace de 72 heures, certains avaient perdu jusqu'à six kilos. Marie-José était certainement celle qui nous donnait le plus d'inquiétude. Les examens montreront qu'elle souffrait du diabète. Nous avons été obligés de l'évacuer, elle et son fils, par un avion spécial.

Nous étions partis pour célébrer la vie, le passage d'un millénaire à l'autre, la joie d'être ensemble, de se fabriquer des souvenirs. La fête avait failli tourner au drame. Mais c'est aussi cela, l'amitié : affronter les imprévus, traverser les épreuves, rester soudés quand tout part à vau-l'eau. En réalité, il n'y a pas d'amitié sans preuve d'amitié.

Les derniers jours furent plus fous encore. Cette expérience nous avait soudés. Ceux qui ne se connaissaient que de loin avant notre départ de Paris s'étaient découverts dans l'épreuve. Ce voyage, que je voulais inoubliable, le fut pour de tout autres raisons. Il nous avait rapprochés davantage encore.

Lorsque nous sommes arrivés à Zanzibar, nous étions comme des rescapés, pressés de profiter des plages pour nous remettre sur pied. Mais nous n'étions pas au bout de nos surprises.

L'hôtel se révéla hors d'âge, désuet, très loin du standing que j'espérais. À peine une étoile. Et encore. Je sentais la déception de mes amis. La mienne était plus grande encore. J'avais l'impression d'avoir été floué sur la marchandise. Mais je n'étais pas disposé à accepter cela. Je me démenai comme un chiffonnier pour trouver un hôtel à la hauteur de mes espérances. J'appris qu'un luxueux complexe italien s'apprêtait à être inauguré dans huit jours. Je m'occupai de convaincre son directeur de nous faire une faveur. Je le baratinai comme je sais faire, lui racontai nos mésaventures. Après une tirade convaincante de Daniel Ceccaldi, il accepta.

Ce fut un véritable soulagement pour tous. Nous avons pris possession de nos quartiers. Muriel Robin nous a rejoints. Je crois que de ma vie je n'ai jamais autant ri. Cette semaine fut un immense fou rire. Muriel Robin avait fait de nous ses cobayes pour essayer ses derniers sketchs pendant les repas. Charlotte Rampling, avec son humour *so british*, se révélait hilarante et mordante.

Je me souviens que Johnny s'était mis en tête d'aller pêcher au gros. Il s'était entendu avec un loueur de bateau pour qu'avec Jean Benguigui nous puissions partir au large. Rendez-vous avait été pris au petit matin sur un ponton pour réceptionner notre bateau. À 6 heures, il n'y avait personne. À 6 h 30, je m'impatientai. Je pressai Johnny d'appeler son loueur. Personne ne décrochait. Quelques minutes plus tard, un homme débarquait sur une épave qui prenait l'eau. On regarda son embarcation. On avait déjà manqué de crever dans la brousse. Ce n'était pas pour faire naufrage à Zanzibar. Plutôt que de revenir à l'hôtel les mains vides, on a marché des kilomètres jusqu'à un petit village de pêcheurs. Ils n'avaient rien d'autre à vendre que des sardines. On leur en a pris deux seaux. Notre supercherie ne dura pas vingt secondes.

Il n'y avait personne pour rattraper l'autre. Plus de stars. Juste des amis qui avaient expérimenté ce que le mot « fraternité » signifie. À croire que, revenus de l'enfer, il nous fallait mordre la vie avec encore plus d'appétit.

La vie, je l'ai toujours su, ne tient bien souvent qu'à un fil. Mais c'est justement parce qu'elle est fragile qu'elle doit se vivre ensemble. Nous étions presque tous dans nos cinquantièmes rugissants. Et il était écrit qu'aucun fauve ne meurt en Tanzanie. Notre tribu avait de la ressource. À commencer par une indéfectible amitié.

# 2

# Causes communes

Si la place que je me suis faite dans le foot m'a donné l'occasion de rencontrer au fil du temps les plus grands joueurs du monde, au point que je peux me targuer d'avoir pu jouer, entre autres, avec Pelé, Eusébio et Di Stéfano, elle m'a également ouvert un monde qui m'était étranger : celui des comédiens et des artistes, des acteurs et des chanteurs.

Le foot, c'est une banalité de l'écrire, rassemble bien au-delà des différences sociales, dans une sorte d'internationale du ballon rond. Mais parmi ces amoureux qui font cause commune pour le foot et pourraient se damner pour un samedi soir à se geler les miches en tribune, il est une confrérie plus rare. Il ne s'agit pas seulement d'être côte à côte, à vibrer pour une équipe, mais de se lier d'amitié.

Lino Ventura fut l'un d'eux. Je ne peux m'empêcher d'en parler avec une certaine émotion. Car, pour ceux qui ont connu le personnage, il n'était pas homme à donner son amitié au premier venu. Je l'ai rencontré pour la première fois grâce à Norbert Saada, lors d'un dîner à son domicile. Je ne suis pas facilement impressionnable, mais Lino Ventura est une personnalité singulière, à même de frigorifier une atmosphère ou de la réchauffer selon son humeur. J'ai vu tous ses films. Je connais son phrasé, ses répliques par cœur. Il est, pour moi, tout autant Théo Dumas, ce soldat français courageux et bourru, chef de bande d'une équipée en déroute, d'*Un taxi pour Tobrouk*, que Fernand Naudin, un truand rangé des affaires contraint de reprendre du service dans *Les Tontons flingueurs*.

Au cours de la soirée, on se découvre bien vite une passion commune : le foot. Lino Ventura ne jure que par l'équipe de France, qu'il suit avec assiduité. Devant son téléviseur, quand ce n'est pas en loge. C'est ainsi que nous nous retrouvons bientôt au Parc des Princes. Nous sommes au début des années 80. La sélection délivre une pâle copie. On meurt d'ennui. À la mi-temps, le score est toujours vierge. C'est à peine si nous avons eu une action de classe à nous mettre sous la dent. La température d'hiver est glaciale. Lino me fait signe de le suivre. Nous tombons sur un acteur en pleine gloire. Le film dans lequel il joue fait un tabac en salles. Il tient l'un des premiers rôles. Et se voit en haut de l'affiche pour l'éternité. Lino Ventura n'est pas d'humeur. Il lui bat froid, passe son chemin et m'emmène dîner dans l'une de ses adresses favorites, un restaurant marocain qui propose l'un des meilleurs couscous de Paris.

Nous n'avons pas franchi la porte de l'établissement que nous tombons nez à nez avec cet acteur, qui voilà quelques minutes nous avait entrepris au Parc sans que Lino donne suite à ses questions. Il l'entreprend à nouveau. Il lui parle de ses succès présents et… à venir. Ventura est mutique. Il le laisse s'étourdir, se vanter, jusqu'à ce qu'on se mette à table. « Le plus difficile dans le métier, c'est de durer. »

Fin de la discussion.

Lino Ventura n'a pas le caractère à s'acoquiner avec le premier venu. Il est plutôt discret, un peu comme dans ses films. Accéder à son amitié est un parcours du combattant. Mais, lorsqu'il la donne, l'homme est entier, d'une générosité sans faille. À l'image du couscous que nous partageons.

C'est que Lino Ventura n'est pas seulement un passionné de football. C'est un père aussi aimant que courageux. Il a quatre enfants, mais c'est sa fille Linda qui occupe le plus souvent tout son esprit. Elle est handicapée depuis sa naissance. Il va faire de sa fille, avec la Fondation Perce-Neige, le combat de sa vie, son plus beau rôle. Il veut sensibiliser la société au handicap. Cet engagement commun nous lie encore davantage, d'autant qu'à la demande de Michel Gillibert, secrétaire d'État aux Personnes handicapées à l'époque, je m'investis à mon tour dans cette cause. Je me fais fort de donner leur chance à ces dernières dans mes sociétés, qu'elles trouvent leur place. Je ne crains pas de dire que les personnes handicapées que j'ai pu engager ne sont pas un handicap pour mes sociétés. Bien au contraire. Ce souci commun, cette cause nous rapproche encore davantage avec Lino Ventura. Nous nous voyons fréquemment. En tête à tête, avec Norbert Saada aussi et surtout.

En plus du foot, Lino avait une passion : la cuisine. Il ne reniait jamais ses origines italiennes et n'aimait rien tant que d'en faire la démonstration avec les pâtes qu'il cuisinait à merveille. Je me souviens d'un jour où Norbert Saada nous avait invités chez lui avec quelques amis. Lino Ventura était arrivé comme il est d'habitude, c'est-à-dire avec son éternelle chemise bleu ciel, une cravate tricotée, et une veste beige un peu *old school*.

Il entre, m'embrasse et me demande où est Nono. Je lui réponds qu'il est en cuisine. Je l'accompagne. Norbert est en train de cuisiner.

Lino l'interpelle, inquiet :

– Tu fais quoi ?

– Ah, tu arrives à temps, tu vas voir, je veux que tu goûtes ma sauce.

– Ta sauce ?

– Oui, je prépare des pâtes…

Un rictus apparaît sur le visage de Lino Ventura. Comme s'il remettait en cause le savoir-faire de son ami en matière de sauce italienne. Il prend une cuillère, goûte la sauce et se tourne vers Norbert : « Qu'en penses-tu ? » Norbert Saada n'a pas le temps de répondre pour défendre sa sauce que Lino Ventura poursuit. « Écoute, Norbert, tu devrais rester dans le couscous, c'est là où tu es bon. »

Lorsque je devais apprendre sa mort, en 1987, ce fut pour moi une immense tristesse. D'autant qu'elle succédait de quelques mois à celle de Coluche. L'un comme l'autre ont fait partie de ces hommes qui vous rendent meilleur. Je partageais avec ce dernier une certaine tendresse pour les exclus. Je n'ai jamais oublié d'où je venais et j'ai essayé, comme je l'ai pu, de soutenir les Restos du cœur, en organisant des matchs de gala dont les recettes revenaient à ses actions caritatives. L'appel qu'il avait lancé sur Europe 1 le 26 septembre 1985 n'était pas tombé dans l'oreille d'un sourd. « J'ai une petite idée », avait-il dit. J'en avais aussi à la pelle pour lui venir en aide.

Coluche n'était pas le dernier à donner de sa personne. Lors du tournoi des Enfoirés, au palais des sports de Saint-Ouen, que j'avais organisé pour récolter des fonds pour sa fondation, je l'ai forcé à mouiller le maillot et à participer à un match de foot en salle. Le lendemain, à la radio, il racontait cette soirée mémorable : « À un moment, ils ont voulu me faire marquer un but. J'ai cru que je n'y arriverais pas et pourtant les mecs faisaient exprès de me laisser passer. Ça ne m'étonne pas que cela soit des sportifs qui font ce boulot. C'est vraiment un boulot d'enfer. Il aurait fallu que je m'entraîne sept ans pour faire le quart d'heure d'hier. Il y avait Biétry, de Canal, dans les goals adverses, il a fait ce qu'il a pu pour que je marque. Moi, j'étais avec les Verts. Les Bleus ont été adorables. Sans eux, on ne pouvait pas gagner. »

Je n'étais pas peu fier d'avoir contribué à mettre tout le football français en ordre de bataille, de la FFF en passant par la Ligue et les habituels annonceurs pour soutenir cette cause et mon ami Coluche. Ce tournoi des Enfoirés dépassait le cadre du foot. J'avais fait venir Julien Clerc, le groupe Téléphone, Thierry Rey, Louis Acariès, Cyril Guimard, Patrick Sébastien, Gérard Jugnot, Michel Blanc et quelques joueurs de renom comme Luis Fernandez… C'était le monde du foot, le ban et l'arrière-ban du show-biz et du spectacle qui se mettaient en quatre pour les Restos.

Quelques jours avant qu'il ne se tue sur la route, Coluche voulait que je l'aide à monter un événement à Paris, avec toujours dans l'idée de financer les Restos du cœur. Car, on l'oublie parfois, il n'était seulement cet humoriste de génie et ce comédien de grand talent, mais un passionné de tout ce qui roule, sur deux ou quatre roues. Féru de sports mécaniques, il décrocha notamment en 1985 le record du monde de vitesse à moto 750 cc sur la piste de Nardo (Italie), à 252,087 km/h de moyenne. Ce goût du dépassement de soi était pour lui plus qu'une passion, c'était une façon de vivre. En 1983, lui et son ami Erick Courly, ancien champion de France de vitesse moto devenu journaliste, décident « pour rire » de se lancer dans le stock-car. La discipline cartonne aux États-Unis. Ils veulent l'introduire en France. Coluche ne se contente pas d'organiser des petits événements, à l'occasion, il prend lui-même le volant d'une R-16 rose. Il plie de la tôle, finit sur trois roues quand il arrive à traîner sa bagnole jusqu'à la ligne d'arrivée.

Jusqu'à présent, il organisait des courses en province, sur des terrains minés par le mauvais temps et les ornières laissées par les bagnoles. Là, c'était autre chose. Coluche voulait Bercy. Je le rappelle. « Tu peux le faire ? », me demande-t-il. Je n'hésite pas une seconde. « Ma parole, c'est oui. » Ce n'est pas mon métier, mais je lui avais donné mon accord. J'ai tenu ma promesse. Sans lui.

3

# Les géants

J'ai eu la chance de croiser beaucoup de monde. Des footballeurs, des chanteurs, des patrons, des politiques, des artistes... Certains sont restés de simples rencontres, d'autres sont devenus des compagnons de route. Mais il y en a quelques-uns, très rares, qui appartiennent à une autre dimension : ceux dont le nom traverse les générations, ceux qui ont incarné leur époque au point de la dépasser.

C'est ainsi que j'ai eu la chance de voir Nelson Mandela, lors de la finale de la Coupe d'Afrique des nations de football, le 10 février 2013. L'Afrique du Sud en était le pays hôte. Je faisais partie des invités, en tribune présidentielle. Une invitation en forme de reconnaissance du foot africain pour tout ce que j'avais pu faire pour son développement. L'ancien président de l'Afrique du Sud était là, à côté de moi, en tribune. Je me souviens de sa présence, de son attention unique. Ce fut l'une des rencontres les plus fortes de ma vie.

Mais, parmi ces géants, j'ai eu le privilège d'en compter deux parmi mes amis : Alain Delon et Jean-Paul Belmondo. Rien que de l'écrire, cela me paraît presque invraisemblable. Leur image est immense dans l'histoire du cinéma français. Ils étaient déjà des mythes de leur vivant. Leur mort n'a fait que renforcer leur légende.

Je n'ai jamais cherché à me rapprocher d'eux par fascination ou par calcul. Je ne fais pas partie des *starsfuckers*, comme disent les Anglo-Saxons pour désigner ceux qui cherchent à s'approcher de leurs idoles pour exister dans leur reflet. Ce n'est pas mon style, ce n'est pas ma vie.

C'est pour cela que je mesure encore davantage ma chance. Nos routes s'étaient croisées parce que nous avions la passion du sport, l'amitié sincère en commun.

Alain et Jean-Paul étaient différents en tout – l'un secret, profond, parfois insaisissable ; l'autre solaire, généreux, drôle et cabotin comme dans ses films. L'un cultivait une aura de distance, l'autre irradiait la proximité. Mais tous deux étaient fidèles, loyaux, capables de donner sans compter. Ce sont ces hommes-là que j'ai connus dans leur intimité, que j'ai aimés et dont je garde la mémoire vivante.

Avec Alain, tout a commencé presque par hasard. Je le croisais parfois au *Fouquet's*, sans que nous échangions plus que quelques mots polis. Lui, le cinéma, moi, le football : nos mondes semblaient parallèles. Alain Delon, le ballon rond, ce n'était pas sa passion. Il aimait la boxe, un vrai sport de combat, une discipline de gladiateur. Il ignorait que je puisse partager la même passion.

C'est par une amie commune, Véronique de Villèle, qui s'occupait d'une association dédiée à la maladie d'Alzheimer et qu'Alain Delon soutenait, que nous avons été véritablement présentés. Ce jour-là, la glace s'est rompue. À partir de là, chaque fois que nous nous croisions au *Fouquet's*, il m'interpellait d'un sourire :

– Alors, président, comment tu vas ? Tout va bien ?

C'était sa manière à lui de me taquiner. À force, cela a créé une complicité. Et de fil en aiguille, ce qui n'était qu'un salut amical est devenu un déjeuner, puis deux, puis dix. De simples rencontres fortuites, nous sommes passés à une relation vraie.

Ce qui m'a frappé chez Alain, c'est sa loyauté. Beaucoup disent de lui qu'il n'était pas facile d'accès. C'est vrai : il se protégeait, il observait, il jaugeait. Mais une fois qu'il avait accordé sa confiance, c'était un ami exemplaire, prévenant, complice. Un jour, je lui présentai un policier, admiratif, qui voulait une photo avec lui. Delon n'a pas hésité une seconde : il a posé, il a souri, il a fait le selfie avec une simplicité désarmante. Pas de posture, pas d'ego mal placé. De la sincérité.

Je me suis souvent dit que, si un jour il m'était arrivé quelque chose de grave, le premier que j'aurais appelé, après Johnny, c'était Delon. C'est une pensée simple mais rare : savoir que l'on peut compter sur un ami, vraiment, sans condition.

Avec Jean-Paul Belmondo, c'était différent. Comme moi, il était un fracassé de foot. Gardien de but dans cette fameuse équipe de vedettes, « les Polymusclés », où se mêlent artistes et anciens joueurs pour des matchs de charité. Comme Lino Ventura, il aimait ça. Le sport en général, le foot, la boxe en particulier.

C'est Just Fontaine qui me l'a présenté. Nous étions à un déjeuner organisé pour récompenser des joueurs. J'étais placé à sa gauche, et jusque-là nous n'avions pas échangé grand-chose, quelques banalités, rien de plus. Il ne savait pas bien qui j'étais. Et puis Justo est arrivé. Il nous a présentés officiellement, en me couvrant d'affection et en racontant une partie de mon parcours.

Ce jour-là, il y avait une tombola. Les participants pouvaient gagner un voyage, des places pour un match, tout un tas de lots… Et voilà qu'un numéro sort. C'est celui de Jean-Paul. Il avait gagné un séjour en Guadeloupe pour deux personnes. Je le vois qui se décompose, qui me fait signe de la main qu'il le refuse. Au lieu de garder le lot, il m'a fait signe et m'a dit doucement :

– Il faut le donner à Philippe Gondet.

Philippe Gondet, c'était l'avant-centre du FC Nantes, un ancien international, ruiné. Et Jean-Paul lui a offert son lot sans hésiter. J'ai trouvé son geste génial. Du Belmondo tout craché : généreux, simple, attentif aux autres.

Il n'en fallait pas davantage pour sceller notre amitié. Ensemble, nous sommes allés voir des matchs de Coupe d'Europe, des rencontres de l'équipe de France, des combats de boxe, en France et à l'étranger.

Je l'ai entraîné à Düsseldorf pour assister au choc entre Vladimir Klitschko et Jean-Marc Mormeck, le 3 mars 2012. Claude Brasseur était également du voyage. La salle était acquise au géant ukrainien. Dès le deuxième round, notre Français était contraint de mettre un premier genou à terre. L'allonge de Klitschko était terrifiante. Tenant des titres mondiaux IBF, IBO, WBO et WBA, le champion tenait son rang. Au 4e round, l'affaire était malheureusement pliée. Le pari fou de Jean-Marc Mormeck, qui ambitionnait de devenir le premier Français champion du monde des poids lourds de l'histoire, s'évanouissait dans la fureur du public allemand. Nous étions encore ensemble pour le premier match professionnel de Tony Yoka le 2 juin 2017 contre Travis Clark au palais des Sports de Paris. Plus grand, plus mobile que son adversaire, notre champion olympique s'est imposé dès le deuxième round après que l'Américain eut mordu la poussière. Nous étions aux anges.

Inséparables.

Partout où il passait, Jean-Paul attirait le monde comme un aimant. Même après son AVC, et quoique diminué, il n'en avait pas moins l'amour de ses fans. Les gens se pressaient pour venir l'embrasser, le saluer. Il donnait, il recevait, avec ce sourire qui ne le quittait jamais.

Quelques jours avant sa mort, j'ai reçu un coup de téléphone de Jeff Domenech, son ami de toujours. Il était à ses côtés.

– Jean-Paul veut t'embrasser, m'a-t-il dit.

Et là, j'ai entendu sa voix au bout du fil, hésitante, un peu saccadée :

– Hello, ça va, Darmon ?

– Moins bien que toi. Reviens vite sur pied, il y a plein de meufs qui nous attendent.

Il s'est mis à rire. Ce rire m'a transpercé. J'en avais les larmes aux yeux. J'ai trouvé une pirouette pour cacher mon émotion :

– Dis-moi ce que tu veux faire ! Où veux-tu aller pour que j'organise notre prochain voyage, à Marrakech de préférence…

Il a encore ri et il a raccroché. Ce fut notre dernier échange. Quelques minutes plus tard, Jeff me rappelait pour me dire combien Jean-Paul avait été touché de notre échange. Son visage s'était éclairé. « Tu sais, Jean-Paul t'aime vraiment », me glissa-t-il.

Quelques jours plus tard, j'accompagnai sa dépouille aux Invalides, le jour de son hommage national. Une foule immense : acteurs, metteurs en scène, écrivains, anonymes. Quand son cercueil est sorti, porté au son de la musique de Morricone dans *Le Professionnel*, je n'étais pas le seul à pleurer.

Un peuple entier lui disait adieu, les yeux rougis d'émotion, des images de lui plein la tête. Pour les uns, c'était son sourire goguenard dans *À bout de souffle*, quand il se caresse les lèvres avant de s'effondrer sur le pavé. Pour les autres, cette cascade insensée dans *Le Casse*, quand il se jette d'un camion en marche, sans doublure, ou cette course haletante sur les toits de Venise dans *Le Guignolo*, ou encore ce rire éclatant dans *L'As des as*, ou ce saut en hélicoptère dans *L'Homme de Rio*. Belmondo, c'était ça : le panache, l'audace, la fantaisie, le charme insolent. Chacun avait son film préféré, sa réplique culte, son souvenir de spectateur émerveillé.

De mon côté, je conserve aussi des souvenirs plus légers, nos blagues, nos taquineries.

À Marrakech, un soir, alors que nous dînions avec Jean-Paul, Michaël Youn et sa femme dans un restaurant branché, j'ai insisté lourdement pour qu'il accepte de se faire photographier avec deux jeunes touristes fardées au max, pas vraiment le style qu'il aime, qui s'étaient approchées de notre table pour demander un selfie. Il m'a regardé fixement, comprenant trop bien le petit jeu auquel je m'adonnais. Il a souri, ronchonné, avant d'accepter. Il s'est levé à la force de ses bras, refusant l'aide qu'on lui proposait, il a attrapé sa canne et pris la pose. Après que les deux jeunes femmes se sont retirées, il m'a joyeusement insulté en rigolant. Le lendemain, juste avant de quitter ma villa pour rejoindre l'aéroport, un bus était stationné devant le portail. Une vingtaine de beautés en descendaient lorsqu'elles virent Jean-Paul Belmondo. Elles se précipitèrent sur lui, pour l'embrasser, prendre des selfies. Il s'est laissé faire, aux anges, tandis que je râlais parce qu'à force de photos et de selfies nous risquions de rater notre avion. Il prenait son temps, ravi de répondre à toutes les sollicitations de ces jeunes filles, s'amusant de mon impatience.

Dans la voiture, après que j'étais parvenu à l'arracher à ses groupies, il s'est tourné vers moi, hilare.

– Tu vois, Darmon, toute ma vie, j'aurai eu ce genre de femmes. Moi, au moins, je suis aimé.

Une fois encore, nous avons ri. Jean-Paul, c'était ça : un acteur immense, mais surtout un ami joyeux, solaire, généreux. Il était comme dans ses films, peut-être encore plus vrai, encore plus grand. C'était mon ami.

*À la folie*

Je mesure aujourd'hui le cadeau que la vie m'a fait : être copain avec Jean-Paul, Alain et Lino, c'était déjà beaucoup ; être leur ami, c'était tout bonnement exceptionnel, un privilège rare.

## 4

# Mon frère

Je rêve de lui. Pas tous les jours. Mais Johnny vient souvent me visiter la nuit. Ce sont des rêves étranges. Le dernier dont je me souvienne ? Je l'aperçois dans une grande manifestation. Je lui fais signe. Il m'ignore. C'est à peine s'il me regarde. Il me serre la main et reprend sa route, comme si je n'avais été qu'un anonyme parmi d'autres. Un fan. À l'inverse, il m'arrive de le voir dans un concert. Il est sur scène, avec toute l'énergie qu'on lui connaît. Sa chanson s'achève. Il descend, me cherche dans le public. Et moi, comme pour le punir, je me cache.

Cela n'a aucun sens. Du moins est-ce comme cela que je me rassure. Mais je ne peux m'empêcher d'y chercher des significations que je m'empresse de balayer de peur d'y trouver une vérité qui me dérangerait trop… Est-ce la peur de l'oubli ? Quand Johnny m'ignore, est-ce l'expression inconsciente d'une crainte ? Celle de n'être, en dépit de tout ce que j'ai pu construire, bâtir, qu'un anonyme parmi d'autres, qui aurait échoué à être reconnu pour ce qu'il a fait dans sa vie. Johnny serait comme le miroir de cette peur : celui qui ne me voit pas. Et quand il me cherche dans le public, à l'inverse, n'est-ce pas pour me signifier que je compte à ses yeux ? Et quand je me cache, n'est-ce pas là encore pour le tester, tester la force de notre lien, comme pour mieux vérifier qu'il me cherche encore ? Ce qui est certain, c'est que Johnny habite encore ma mémoire affective. Je continue à dialoguer avec lui. Comme pour le maintenir en vie.

Comment est née cette amitié qui ne s'est jamais démentie ? Je crois qu'elle n'a rien à voir avec celle que j'ai pu avoir avec Delon, Belmondo, Ventura, ou Bruel… Ce n'est pas la passion du foot, du rugby, de la boxe ou du sport. C'est autre chose. Comme s'il était écrit que nous devions nous rencontrer et que, tôt ou tard, le destin devait nous rassembler. Cela n'avait pourtant rien d'une évidence.

Lorsque je l'entends pour la première fois, dans un club à Cassis, je ne suis pas particulièrement emballé par sa musique, j'ai 17 ans, il est *rock-and-roll* et moi j'aime le bop tout en poème.

C'est un dimanche soir que je fais sa connaissance. Je devais dîner avec Norbert Saada chez Thérèse, un restaurant huppé de la rue Jean-Mermoz, à quelques mètres du rond-point des Champs-Élysées. L'adresse est prisée. En semaine, les hommes d'affaires se disputent pour pouvoir réserver une table. Le week-end, les artistes jouent des coudes et de leur charme pour que la patronne veuille bien leur céder un bout de banquette où s'asseoir pour dîner.

Lorsque je me pointe, je suis habillé comme une gravure de mode – blazer bleu marine en cachemire Dolce Gabbana, chemise bleu ciel, cravate anglaise, pantalon gris en flanelle. J'aperçois Norbert. À côté de lui, je découvre Johnny. Je suis tout à la fois surpris et très content de voir l'idole. Lui est bluffé par ma tenue et par mon physique de sportif. Norbert nous présente. Johnny me dit :

– J'aimerais bien essayer ta veste. Elle est de la même couleur que mes yeux, ça doit bien m'aller.

Je lui prête ma veste. Il l'essaye.

– Franchement, elle est très, très belle.

Il insiste lourdement. J'ai le sentiment profond qu'il la veut, cette veste. Mais je fais la sourde oreille.

On se revoit quelques fois, toujours avec Norbert Saada. C'est plutôt sympa. Nous avons une bonne accroche. C'est le départ d'une belle amitié... Du moins, c'est ce que je crois. Jusqu'au jour où un événement va nous amener à une fâcherie.

À cette époque, je suis célibataire. Je fréquente une jeune femme, qui fut la compagne d'un acteur très connu. Ils ne sont plus ensemble, évidemment. Vers 4 heures du matin, alors que je dors chez elle, la sonnerie de la porte ne cesse de retentir. Je vais voir qui nous réveille à cette heure-ci et j'aperçois, par l'œilleton de la porte… Johnny.

Immédiatement, je vais parler à mon amoureuse. Elle me dit :

– Laisse tomber, je m'en occupe.

Une heure plus tard, elle revient se coucher après l'avoir délicatement éconduit.

Le lendemain, c'est un dimanche. Après avoir couru ensemble au bois de Boulogne, elle me dit :

– J'aimerais bien qu'on aille déjeuner au *Fouquet's*.

Ce que femme veut, Dieu le veut. Je m'exécute de bonne grâce. Nous y allons vers 13 heures. À l'entrée, à la première table à gauche, qui est là ? Johnny Hallyday, accompagné de deux jeunes femmes.

Il jette un coup d'œil assassin vers mon amoureuse, puis vers moi. Johnny Hallyday ne souffle pas un mot. Même pas « un bonjour ». Rien. Il reste mutique. Il a la mine renfrognée, avec l'air de ne plus me voir en peinture.

Je ne le sais pas encore, mais si Norbert m'avait fait copain avec Johnny, cette jeune femme allait m'en faire un ami.

Pendant quatre ou cinq mois, je n'ai plus aucune de ses nouvelles. Jusqu'au jour où TF1 décide de consacrer un reportage à mes activités dans le sport – et notamment dans le tennis et dans les relations publiques. Le journaliste chargé du reportage me donne rendez-vous à Roland-Garros, d'abord pour voir un match ensemble, puis pour qu'on se rende au Village des sponsors.

Je serre quelques mains, salue des connaissances. Dans mon dos, dans le box d'Aquaboulevard, Johnny est installé pour déjeuner en charmante compagnie. Voilà qu'il se penche vers la jeune femme et lui dit, avec sa voix de stentor :

– Vous voyez ce mec ? C'est un génie. Tout le monde l'aime. C'est le roi du foot.

Puis il m'interpelle :

– Hé, Jean-Claude ! Comment ça se fait qu'il y a si longtemps tu ne m'appelles pas ?

Je suis assez estomaqué. J'oublie même qu'il y a une caméra épaule qui nous suit. Je lui dis :

– J'ai été noyé, débordé… mais probablement moins que toi.

Depuis ce jour, nous ne nous sommes plus jamais quittés.

De Los Angeles à Saint-Barth, à Marrakech… nous avons parcouru tous les lieux de vacances. Chaque fois qu'il avait un projet, il me demandait de m'associer à lui. De la même façon, moi aussi, je l'incluais dans mes achats de maisons et de restaurants de luxe.

Je ne peux pas parler de mon amitié avec lui autrement qu'en disant que, sur la durée – presque quarante ans –, nous n'étions pas deux amis, mais deux frères. Je pourrais presque ajouter deux frères siamois. Parce que Johnny avait toujours l'habitude de vouloir m'emprunter mes fringues. Il trouvait que je m'habillais bien. Si bien que, lorsque je faisais les boutiques, j'achetais systématiquement mes vestes, mes chemises, mes jeans en double... Je n'avais qu'une crainte quand nous sortions ensemble, c'est que nous portions les mêmes vêtements en même temps. Je ne voulais pas passer pour un bidon aux côtés du boss de la chanson.

Nous avons fêté nos anniversaires ensemble, chanté à s'en casser la voix avec Patrick Bruel et Marc Lavoine. Lui aussi avait une passion pour Johnny. Je n'étais pas le plus mauvais dans l'exercice. Pas au point de me rêver en chanteur, mais suffisamment pour donner le change au karaoké et chanter à en pleurer lorsque j'accompagnais Johnny.

Je l'ai soutenu lorsqu'il a perdu sa mère. Il était ravagé par sa mort. Il ne l'avait jamais vraiment connue. Mannequin d'origine belge, elle avait très tôt quitté son père pour refaire sa vie. Elle ne lui avait jamais manifesté beaucoup d'amour. Mais il était son fils. Dans la petite église de Saint-Laurent de Viviers, son demi-frère avait cru bon de passer une chanson de Johnny pour clore la cérémonie religieuse. Comme s'il n'avait pas compris que ce n'était pas Johnny Hallyday qui s'était déplacé en Ardèche pour honorer sa mère, mais Jean-Philippe Smet.

J'ai découvert cet homme, cette autre face de Johnny, un écorché vif, toujours en quête d'un amour et d'une famille qu'il n'avait pas eus.

J'étais son frère et son antithèse. Aussi discipliné et intransigeant sur mon hygiène de vie qu'il aimait se foutre en l'air et vivre d'excès. Toujours couché de bonne heure et levé tôt, quand lui émergeait avec le soleil de l'après-midi.

Johnny avait peur de la mort. Mille fois, nous en avons parlé. Il voulait que je l'enterre là où il le voulait. À chaque fois, je lui disais :

– Prends-moi pour un con, c'est toi qui vas m'enterrer.

C'était ma manière à moi de refuser le pire.

J'ai vécu sa maladie, son agonie, comme la pire période de ma vie.

Il s'est senti partir. Un jour, il m'a fait venir.

– Ce soir, Jean-Claude, tu ne pars pas sans t'être bourré la gueule avec moi.

Il a pris une bouteille de whisky et deux verres à shot et s'est mis à les remplir.

Il est parti, l'idole.

Il est parti, le Boss.

Il est parti, l'ami.

Il est parti, le frère.

## 5

# Sang pour sang

Il y a des liens qui dépassent ceux du sang. Francis Bacon expliquait que « l'amitié double les joies et réduit de moitié les peines ». Il avait raison. C'est ce que j'ai éprouvé durant un demi-siècle au contact de Claude Cohen.

Nous nous sommes rencontrés au Club Med à Skanès, en Tunisie. Je vivais une période délicate de ma vie. J'étais en instance de divorce et devais m'occuper de Laurence et Jean-Jacques. Le Club Med était l'endroit idéal pour un père célibataire et ses enfants.

Le premier soir, je m'en souviens encore comme si c'était hier, un individu était monté sur scène. En trois minutes, il s'était mis toute l'assistance dans la poche. Tout le monde riait aux éclats. Son rire était communicatif.

Le lendemain, les GO avaient organisé des jeux par équipes. Claude commandait la première et avait débauché les gens les plus capables ; en face, une jeune fille de 25 ans ramait à composer la sienne et désespérait de trouver des volontaires pour la compléter. De guerre lasse, j'ai fini par la rejoindre pour défier l'équipe de Claude Cohen. La première épreuve se déroulait dans la mer. C'était du tir à la corde. J'écumais d'énergie pour tenter de prendre l'avantage. Un véritable combat de coqs où les deux équipes finirent trempées, hilares, rincées de fatigue et de fous rires.

C'est ce jour-là que tout a commencé. Nous ne nous sommes plus quittés du séjour. Et de la vie. Nous avions pourtant des tempéraments que tout opposait. Lui semblait fait pour le plaisir, tandis que je ne vivais que pour le travail. Mais il y avait cette alchimie presque immédiate qui a fait que, d'un coup d'un seul, nous ne pouvions plus nous quitter.

Claude avait ce talent rare : rendre le monde léger. Quand on lui parlait de travail, il pensait qu'on l'insultait. Partout où il passait, il laissait derrière lui des éclats de rire et de tendresse. Moi, je n'aimais pas les vacances. Au mieux, c'étaient dix jours volés dans l'année, du temps perdu. Cette simple idée suffisait à me donner des boutons. Mais, grâce à lui, je les attendais pourtant. Chaque année, c'était notre rituel : les bagages, les blagues, les dîners à refaire le monde, la mer, les courses du matin. Claude avait ce don de tout transformer en fête et de se faire aimer de tout le monde.

Il ne se plaignait jamais, ne jugeait jamais, ne voulait rien. Juste être bien. La nature était bonne mère. Il avait une solide constitution. Il n'était jamais malade. Comme moi, il ne buvait pas, ne fumait jamais. Il riait de tout, sauf du malheur des autres.

Ensemble, nous avions pris l'habitude de courir tous les deux jours. Il tenait la cadence. Un roc. Jusqu'au bout.

À 70 ans, il a décidé de tout recommencer. Claude a fait son alya. Il s'est installé en Israël avec sa nouvelle compagne. Comme s'il avait senti l'air mauvais qui soufflait sur la France.

Et puis, un jour, de trop battre, son cœur s'est arrêté. Une crise cardiaque. Lui, le plus vivant de nous deux. J'ai eu l'impression que le mien s'arrêtait, que les vacances n'auraient plus la même saveur. Malgré nos différences, il faisait partie des miens. À la fois le copain, l'ami et le frère. Un membre de ma famille. Celle que je m'étais choisie pour compléter la mienne, l'enrichir de sourires et de souvenirs.

## Épilogue

# Le dernier combat

J'ai eu trois noms.

Korsia, d'abord. Puis Zaoui. Avant de devenir Darmon. Jean-Claude Darmon.

Ce n'est pas banal, presque déjà un roman. Comme si, dès ma naissance, il était écrit que j'aurais plusieurs vies.

J'en ai eu mille. L'enfant d'Oran, le gosse sans diplôme, le docker de Marseille, le garçon d'étage, le marchand de rêves des stades, le publicitaire, le grand argentier du football, l'ami des présidents, des chanteurs, des acteurs, le père, l'amant, le frère, l'orphelin de trois semaines. J'ai tout été. Trop. Peut-être. Je n'ai jamais su me contenter d'une seule existence. Bourreau, boulimique de travail au point de demander aux amis que je recevais à la maison d'éteindre la lumière derrière eux parce que tous les soirs, quoi qu'il arrive, je me couche à 23 heures pour être sur le pont dès 5 heures. Je voulais être le meilleur. Je me suis donné les moyens de l'être.

J'aurais pu jouer les vedettes, faire du cinéma, accepter les rôles qu'on me proposait par dizaines, pousser la chansonnette. Ce n'était pas ma vocation. Ce n'était pas ma place. Je n'ai pas voulu me disperser, mettre en péril ma crédibilité à faire le mariole dans des films. Je n'avais pas le droit de faire ça. Je ne pouvais pas jouer. Je crois que celui qui est capable de tout et jouit de tous les talents a plus de chances de ne rien faire de sa vie, que l'homme qui s'obstine à poursuivre un rêve. Faire ce pour quoi il a été fait. J'avais la bosse du commerce. Je voulais inventer un métier.

Le foot n'était pas une évidence. J'ai dû faire face aux résistances d'un milieu qui se méfiait de la marchandisation de son sport. L'ascension n'a pas été rectiligne. Je ne suis pas arrivé au sommet sans dévisser parfois. Il a fallu convaincre. Convaincre encore. Contre vents et marées, souvent. Rien n'eût été possible si je n'avais pas trouvé sur ma route des hommes providentiels, qui, alors que je n'étais rien, que je débarquais avec ma seule gouaille et mes mauvaises manières, surent voir par-delà mes maladresses l'énergie folle que je voulais mettre pour développer le football professionnel.

Jean Sadoul fut l'un d'eux. Un père spirituel. Il m'a pris sous son aile, ouvert des portes qui me restaient jusque-là fermées. Je me devais d'être à la hauteur de la confiance qu'il m'avait accordée. Je ne crois pas qu'un jour il eut à le regretter. Pas plus que Pierre Lescure ou Charles Biétry.

J'ai bien, de mon côté, quelques regrets. Si dans les grandes lignes je signerais des deux mains pour vivre à l'identique la vie qui fut la mienne, il y a bien quelques erreurs que je corrigerais. J'aurais poursuivi mes études au-delà du certificat, pour ne pas avoir à rattraper le temps perdu à essayer de me mettre à niveau dans des matières qui allaient m'être indispensables.

J'ai perdu du temps dans des guerres inutiles. Avec Bernard Tapie. Avec d'autres. Je me suis fait des ennemis pour rien. Pour une réflexion désobligeante. J'aurais dû parfois fermer ma gueule. Mais je suis comme ça. C'est plus fort que moi. J'aime le combat. C'est ma nature et elle m'a joué des tours. Un alpiniste qui gravit l'Everest perd-il du temps à casser la roche à coups de piolet ? Bien sûr que non. Il file droit. Sans perdre son énergie en des gestes inutiles. Il faut croire que j'en étais incapable.

Dans ce tourbillon que fut ma vie, j'ai eu le bonheur d'être père. Tôt, trop tôt, peut-être. Cela n'en est pas moins ma plus grande joie. Ma plus grande réussite. Je n'ai pas été un père exemplaire. J'ai été absent plus que de raison, accaparé par mes affaires. Je n'ai pas su être le père des petits déjeuners et des veillées, le père des rendez-vous d'école. J'ai été maladroit. J'ai mis ma vie de père entre parenthèses pour construire mes réussites. Mes enfants en ont probablement souffert un peu. Mais je sais que je n'aurais pas pu accomplir ce que j'ai fait si j'avais été leur nounou à plein temps. Ça ne peut pas marcher. Mais j'ai été celui qui leur a montré qu'on peut venir de rien et viser haut. Un repère à défaut d'être un père à plein temps. Celui qui leur a transmis la rage de s'en sortir et de suivre son propre chemin, chacun à sa manière, avec ses envies, ses rêves. Il n'a jamais été question que je leur déroule le tapis rouge, que je les gâte jusqu'à les pourrir. L'argent se gagne à la sueur de son front. Je ne crois pas qu'ils m'en aient jamais voulu. Bien au contraire. C'est un cadeau que je leur faisais. Je n'ai pas fait d'eux des enfants de riches, mais des honnêtes gens. C'est l'essentiel. Le reste leur appartient.

Mais il faut savoir ne pas attendre. Ne pas se contenter de rêver, de remettre à demain ce que l'on peut faire aujourd'hui. Il faut vivre au présent. Jusqu'au bout. Il faut être naïf pour croire qu'on a le temps. Il n'y a rien de pire. Le temps se consomme. Nous n'avons que le présent. Car, la seconde d'après, il n'y a que Dieu qui la connaît.

J'ai enterré trop d'amis, trop de proches, pour m'illusionner davantage. J'ai vu partir Johnny, Thierry Roland et tant d'autres... À chaque fois, c'est un morceau de moi qui s'en va. J'ai même cru réveiller les morts. Jean Sadoul était plongé dans le coma. Son fils était à son chevet et guettait son dernier souffle lorsque j'ai appelé. Il décroche, s'excuse.

– Non, il se repose, là.

Et d'outre-tombe, j'entends la voix de Jean qui apostrophe son fils.

– C'est qui ?

– Jean-Claude.

À nouveau, j'entends son fils :

– Merde, il s'est réveillé.

Il a fini par me passer son père.

– Jean, bats-toi. Attends-moi, bats-toi.

– Tu sais, mon petit, ce ne sont que des mots.

Il y a, dans chaque vie, des commencements qui paraissent fragiles et des chemins que rien ne promet. Le mien a commencé simplement, avec les rêves d'un enfant qui observait le monde en cherchant à le comprendre.

J'ai connu des détours, des épreuves et des tempêtes, mais aussi des êtres qui vous tendent la main au bon moment. C'est souvent là que Dieu se cache – dans une rencontre, un mot, un regard.

De ces années d'effort et d'espérance est née ma vie d'entrepreneur. J'y ai mis la même passion, la même curiosité, et peut-être la même naïveté qu'à mes débuts. J'ai appris qu'on ne bâtit rien de vrai sans humanité, sans fidélité, sans foi en la vie.

Aujourd'hui, je regarde le chemin parcouru sans nostalgie. Mon passé m'accompagne, mais il ne me retient pas.

Car, si j'ai une certitude, c'est que je continuerai à avancer – avec plus de rêves que de souvenirs.

# Remerciements

SAS ALBERT DE MONACO
AULAS JEAN-MICHEL
BEZ CLAUDE
BIÉTRY CHARLES
BLOQUERT JEAN-YVES
BOLLORÉ VINCENT
BUDZYNSKI ROBERT
CAIAZZO BERNARD
CAMPORA JEAN-LOUIS
CASTEX JEAN
CHAUVAT BRUNO
COURCOL JEAN-PIERRE
DARROIS JEAN-MICHEL
DECAUX JEAN-CHARLES
DESCHAMPS DIDIER
DIEGO BASTINO
FERRASSE ALBERT

GERMAIN HENRI
GRIMAUD DOMINIQUE
HAYATOU ISSA
HIDALGO MICHEL
JACQUET AIMÉ
JUST FONTAINE
KIMPEMBE PRESNEL
LAGARDÈRE JEAN-LUC
LESCURE PIERRE
MARTEL GERVAIS
NICOLLIN LOUIS
NIEL XAVIER
PERDRIEL CLAUDE
PIAT PHILIPPE
PIRÈS ROBERT
PRAUD PASCAL
ROCHER ROGER
ROCHETEAU DOMINIQUE
ROUSSELET ANDRÉ
SADOUL JEAN
SARKOZY NICOLAS
SASTRE FERNAND
SÉGUÉLA JACQUES
SELLA PHILIPPE
SEYDOUX JÉRÔME
SIMONET CLAUDE

TEMIME HERVÉ
VERHULST THIERRY

Et bien d'autres… Ils furent nombreux à croiser mon chemin et à m'apporter ce petit truc qui fait toute la différence.

# Table des matières

Cet ouvrage a été imprimé en France par
CPI Brodard & Taupin
Avenue Rhin et Danube
72200 La Flèche (France)

pour le compte des Éditions Fayard
13 rue du Montparnasse, 75006 Paris
info-fayard@editions-fayard.fr
en novembre 2025

*Composition et mise en pages*
*Nord Compo à Villeneuve-d'Ascq*

PAPIER CERTIFIÉ

**fayard** s'engage pour l'environnement en réduisant l'empreinte carbone de ses livres. Celle de cet exemplaire est de :
350 g éq. $CO_2$
Rendez-vous sur www.fayard-durable.fr

N° d'édition : 31-1404-5/01 - N° d'impression : 3063149